交易系统分析

———• 董超男 著 •———

地震出版社

图书在版编目（CIP）数据

交易系统分析 / 董超男著 . —北京：地震出版社，2024.5
ISBN 978 – 7 – 5028 – 5650 – 2

Ⅰ . ①交… Ⅱ . ①董… Ⅲ . ①交易-研究 Ⅳ . ①F713

中国国家版本馆 CIP 数据核字（2024）第 071512 号

地震版　XM5662/F（6475）

交易系统分析
董超男　著
策划编辑：张　轶
责任编辑：张　轶
责任校对：凌　樱

出版发行：**地震出版社**

北京市海淀区民族大学南路 9 号　　邮编：100081
发行部：68423031　68467993　　传真：68467991
总编办：68462709　68423029
http://seismologicalpress.com
E-mail:8712121@qq.com

经销：全国各地新华书店
印刷：河北赛文印刷有限公司

版（印）次：2024 年 5 月第一版　2024 年 5 月第一次印刷
开本：787×1092　1/16
字数：219 千字
印张：14.75
书号：ISBN 978 – 7 – 5028 – 5650 – 2
定价：58.00 元

版权所有　翻印必究

（图书出现印装问题，本社负责调换）

序　　言

2020年，因为没有办法出门，脱离喧嚣忙碌的世界后有了太多的闲暇时间，于是我拥有了自我深度反思的机会——回想自己十几年的交易生涯，行行重行行，人生走过的路给我留下了许多酸甜苦辣，然而终有小成，内心稍感宽慰。我又翻遍往日所有阅读过的有关交易书籍，开卷有益，每一本书都给我带来了诸多的启迪。

交易基础知识书籍，引领我踏上市场交易者专业化的道路。

交易技术类书籍，让我了解了在具体交易实践中丰富多彩的方法和技术。

交易理念类的书籍，让我在交易实践中形成了自己的交易智慧。

由于中国社会主义市场经济建设始于改革开放，而中国现代意义上的交易市场的兴起也就是从20世纪90年代开始的，所以这方面的书籍比较少见。国际上关于交易理念的书籍很多，但是最大的问题是，国际的交易理念产生的土壤与中国完全不同，国际交易市场的产生和发展也有其特定的社会、历史和文化背景，无论是交易理念还是交易实践也仅仅适合国际市场机制。用国际的，特别是发达资本主义国家的交易理念来看待具有中国特色的交易市场机制，势必有一些水土不服。

市场交易是一门大学问，是综合了理论与实践的一门大学问。一方面，任何交易者都必须进行系统的学习才能在交易实践中不至于盲目冲动；另一方面，它必须与实践相结合。我2010年开始

在招商证券工作，深深了解交易者的理论知识水平和投资理念，大多交易者都缺乏系统性的学习，只知道投资能赚钱，但不知道如何去赚钱、如何去把控风险。他们在不了解市场机制、市场特性的情况下就盲目冲入市场，根本就没有一套自己的交易逻辑方法，最后大多是铩羽而归。

纸上得来终觉浅，要知此事需躬行。还有许多交易者，遍阅群书，谈起理论来滔滔不绝，但是在交易市场中对理论生搬硬套，不知道理论的局限性、方法技术的非普遍适用性，没有做到将理论真正与实践相结合，同样也导致投资失败的厄运。

市场交易者的目的就是获得投资的成功，但成功不是靠运气，幸运女神不会次次光临，而不幸却与我们如影相随，因而靠运气不会常胜，盲目冲动非理性的交易者最终必将面临失败的惨局。没有正确的投资理念，缺乏投资训练，不掌握投资知识、理论和技术，偶尔获得投资的成功纯属运气。但是具备知识、技能、理论技术且受过训练的交易者也可能遭遇投资的失败，除了交易市场环境因素外，肯定还存在其他一些规律性方面的原因。

经过十余年交易市场的风风雨雨，我见识了不同类型的交易者，也遇到过不同背景的成功投资人，但见到更多的是投资失败者。长期的交易知识理论的积累、多年的交易实践经验、无数成功与失败的案例，都给予我很多的启发、感悟、思考和认识，由此对交易市场和市场交易等形成了属于自己的一套概观性的体系，这套体系成为数年以来指导我进行交易的指南。我对客观交易系统的初步认识始于人们认识世界的方式——大多数人在认识世界时总是留意事物的概况，是只见森林，至于构成森林的树木这些细节则往往不是细致进行探讨的东西。市场交易者也是如此，很多交易者往往只关注交易的宏观层面或交易技术，从来都没有对交易流程的微观部分、各个步骤进行深入探讨。只有深入理解构成宏观整体的各个微观部分的逻辑及其形成原因，才能获得对事物更深入和真正的认识，因此，在认识交易市场和市场交易时，除了对宏观层面进行全面了解之外，要想进行深入全面的了解、以促进交易行为趋向完美，就必须对组成它们的每一个部分、构成流程的每一个步骤条分缕析。

交易系统分析，其实就是通过对交易者交易行为过程中的每个交易环节按照步骤从微观的角度深入分析和研究，在把握细节之后，形成的一套客观、具有理性、逻辑性严密的交易体系。交易系统不是一种单一的技术，而是指导交易的一套思维模式、一套方法论体系。

外界因素并未影响交易市场的运作，交易还在持续进行中，尽管有繁忙的投资业务需要处理，但是我愈加强烈希望将自己的心路历程记录下来，将这套指导我成功的交易行为框架付之于文本，以便与从事市场交易、惠顾这一文本的朋友一起分享，这促成了本书的面世。

我希望通过本书制定一个系统性标准化的体系，帮助更多的交易者少走些弯路。为了体现本书的工具性价值，我尽量避免宣讲空洞的大道理，也不纯粹讨论他人的交易方法和技术，而是试图通过通俗易懂的方式，将具有严谨系统性工程的交易体系中的每一环节按照交易本身的流程，一环套一环地展开论述，构成一个结构化、系统化、标准化的交易指南。成功的交易者大多数是有共性的。也就是说，我们看到的东西可能是一样的，但是我们看待东西的逻辑是不一样的，这里的标准其实是逻辑标准而不是行为固化标准。书中看似没有具体的标准，实则是制定一个体系的上行边界和下行边界，让读者在这个边界体系内去制定自己的行为标准。因而，希望从事市场交易的交易者从宏观的、整体的视角来看待每一部分的内容，如果将本书内容拆解开来、作为独立的部分进行理解，那必然会造成断章取义的效果。如果阅读本书是为了学习知识，断章取义并无严重的害处，但是，切莫将这种理解应用到市场交易的实践中。

本书以《交易系统分析》为名，是因为交易系统是交易的基石，有了对交易系统的了解、认知和把握之后，才能理解交易系统中的每一个构成要素，才能在交易系统的基础上建立交易技术、技巧和方法等。很多资深交易者坚持认为重要的不是交易系统，而是交易者在具体交易过程中贯彻执行交易系统的能力。可是本人在书中所要探讨的是贯彻交易系统的能力是如何来的，交易者的实质问题是什么。究其实，交易者问题的实质是对交易系统的深刻认识和理解。很多人交易执行不到位的根本原因都是对交易系统的认识不足。所以说，一切问题的根源在于对交易系统的认知。本书正是基于对交易系统认知的重要性展开讨论，对交易系统所涉及的每一个构成要素进行剖析，目的在于让更多的交易者深刻了解交易系统所有的构成要素，促进交易者更清晰地了解市场的机制特性，帮助交易者建构一套自己的投资理念和方法，提高投资获利的确定性。

《交易系统分析》不是为交易者提供某一标的的某一次操作的具体方法，而是为交易者提供一套可以实现的投资方法论体系，一套能够实现获利的流程，实现交易系统的体系化、结构化和标准化，这也是本人十几年来从业经验的沉淀与升华，以便帮助更多的交易者少走几年弯路。

第一，本书想让交易者了解，影响交易的因素并不仅仅局限在交易市场，理念对交易的影响是尤为重要的，它直接或间接影响着交易者的交易行为，理念对交易的结果具有至关重要的影响作用。因而，本人认为，交易者在交易市场进行投资时，应该重塑自己的价值观、对错观、交易观和胜败观等。传统的思维方式、价值观、对错观对交易的理念影响十分深远，但在市场交易中必须加以改变。做交易，必须转换传统的思维方式，面对客观的交易市场，交易者在交易市场中应尽量采用客观的立场、客观化的标准，在市场波动剧烈时，摒弃非理性化的情绪、情感对理性的干扰。做交易的人大多是理性控制不足、感性发挥有余，这对交易来说十分不利。交易者要对交易结构系统秉持客观的态度，面对跌宕起伏的市场风潮，要有坚持交易系统客观化标准的定力。想要成功，必须坚持交易系统客观化标准的定力，因为你所坚持的客观交易系统是一套数据模型，这套数据模型是你交易程序客观化、结构化、数据化、系统化的结果，它具有较强大的客观性，同时也具有复制成功的科学性。

第二，交易者必须系统学习市场交易知识，必须掌握一定的交易理论、方法与技术，也必须认识到这些理论、方法与技术的局限性。同时，本书还从交易系统的视角介绍了交易者必备的时间观、空间观和周期观。任何人面对一个客观世界，首先要认识这个客观世界，清楚了解客观世界的客观规律，才能做出正确的判断和选择。交易者面对客观的交易市场，首先要了解交易市场的机制、分类和交易市场的特性。交易者对交易市场有了解之后，对反应市场行情的价格图表中最重要的三个构成要素——时间、空间和周期要有客观的认识，任何一个市场都是由价格、时间及各种趋势无限重复形成的周期组成的。了解了这些，就能更清晰地看待交易中市场的无序波动。进入市场后，交易者需要根据客观的交易系统的指导，从千变万化、无序的交易价格波动起伏状态中探寻市场发展变化的客观规律。

第三，本书告诫交易者要清醒认识到交易市场是具有风险的投资场所，必须在风险控制技术指导下管理好、利用好自己的资本，并就如何做好投资风险控制提出个人意见。要做好投资风险管控，必须了解在特定市场规则机制下的风险种类和风险特性，通过交易系统把控风险，选择适合自己的交易市场和交易品种，设定适合自己的资金管理方案，使自己的交易技术能够通过资金管理和多种止损的方式有效规避投资的风险。

第四，本书重点在交易流程各个环节对交易系统进行剖析的基础上建构了属于自己的一套交易系统，并对这套交易系统进行了深入阐释。本书列出了交易系统所涉及的各个要素，探讨了这些要素在市场交易中的机制，帮助交易者在这套交易系统的指导下，形成自己的操作方法和理念，从而保证在投资中取得较好的结果。

任何交易行为都离不开四个构成要素：单量、入场、止损和退出。单量就是要交易的数量，市场机制条件、个人资本状况等决定了个人对交易数量的多少的选择；入场最重要的是通过对市场状态的判断、设定的客观性、标准化的框架选择时间和机会，它是最能体现交易技术的环节之一；止损是在个人主观判断失误的情况下（任何理性的交易者都会有主观局限性）或在外部环境强大冲击下所做的逼不得已的选择，因为影响市场交易的不仅仅是市场内部各要素，交易市场的环境要素有时对市场也有冲击性的影响，所以当交易遭遇到不可抗拒的外力作用时，采取止损是交易者理智的行为；一般而言，很多交易者对闭环退出缺乏一个客观性、标准化的操作框架，《交易系统分析》力图克服交易者普遍存在的缺陷，分析退出的机制和条件，从而建立一套具体可行的退出方法和技巧。

第五，交易者的心理特征对交易行为具有极其重要的影响，因此，本书展开了对交易心理的研究，并对交易者心理素质的提升提出了一些建议。世间万物都有一定的规律性，人的心理活动同样也具有一定的规律性。尽管世上的人千差万别，但就人的心理而言也是有一定的规律可循的，人的心理结构大致相似，通过研究发现，人的性格、情绪、情感等都存在一定的规律。在稳定的社会文化环境下，人的社会心理也具有相对的稳定性。交易者的市场行为其实也是人性的一种表达方式，千差万别的社会个体在本质上是相似的，因而市场交易行为也具有相似性，交易市场是众多交易者相似的交易行为共同作用的结果，不同交易历史阶段的结果是相似的，交易者恒定的交易心理和社会心理必然使得交易市场隐藏着一种或多种恒定的盈利模式，客观化、系统化和标准化的交易系统就是一种固定的盈利模式，在交易中通过不断重复执行这一固定的盈利模式，就可以实现资本的持续增值。

第六，客观化、标准化和系统化恒定的交易系统获利的概率是恒定的，只有严格遵守这一恒定的交易系统，才能保证投资成功概率的恒定性。然而，绝大多数的交易者在具体交易中十分容易受市场波动的左右，在执行方面缺乏纪律意识，总是不自觉偏离交易的标准模式，从而也提高了失败的概率。人类是情感的动物，人的情绪很容易受到环境的影响。交易者的情绪很容易受到交易市场跌宕起伏动态变化的影响，尤其是在剧烈震荡期情绪的变化也最为激烈，由此直接导致交易者在不知不觉中抛弃了客观的交易系统，采取激进、冒险和非理性的操作。

本书最后讨论了交易市场存在的普遍性问题，并利用本书所建构的交易系统对解决这些普遍性问题提出了一些针对性的建议。

资本的本性在于它的逐利性，在交易市场，所有的交易者都是为了实现资本的增值价值。交易市场是零和游戏，在一部分交易者的财富急剧膨胀的同时，肯定伴随着另一部分交易者资本的迅速缩水。谁都希望成为成功的交易者，没有人希望成为失败的交易者，但是到最后总有失败者。任何一位对本书感兴趣的人肯定是一位渴望成功的交易者，但是成功与抱负之间总是存在着巨大的张力，换句话说就是希望越大失望越大，这放在交易市场也是一句真理。只有放平心态，在交易系统执行过程中看淡交易市场潮起潮落，把握住市场趋势，成功便指日可待。最后成功与否

不是取决于方法技巧的优劣，而是取决于交易者面对交易系统和暂时的输赢时的交易心理或心智——按照交易系统设定自己的交易原则，并遵守这一原则，是最后获得成功的基石。

愿《交易系统分析》能够刷新您对市场交易的认知，为您投资交易的成功助一臂之力！

2024 年 2 月 29 日

目　　录

第一部分　重塑认知 ·· 1

  1. 价值观 ··· 3
  2. 对与错 ··· 8
  3. 主观与客观 ··· 13
  4. 艺术与科学 ··· 18
  5. 理性与非理性 ·· 22

第二部分　了解市场 ·· 27

  1. 交易市场 ··· 29
  2. 交易市场机制类型 ··································· 33
  3. 价格图表的构成要素：价格空间 时间 周期 ········· 36
  4. 市场状态 ··· 48
  5. 了解交易市场的目的 ······························· 57

第三部分　风险管理 ·· 61

  1. 交易风险概述 ·· 63
  2. 交易风险的分类 ······································ 69
  3. 交易风险控制 ·· 72
  4. 资金管理 ··· 74
  5. 资金管理中的各类关系 ··························· 89

第四部分　交易系统 ·· 93

  1. 交易系统概述 ·· 95

- 2. 单量 ········· 105
- 3. 入场 ········· 113
- 4. 止损 ········· 119
- 5. 退出 ········· 129
- 6. 交易系统的构建 ········· 136

第五部分 对交易系统的理解 ········· 141

- 1. 交易系统数据分析 ········· 143
- 2. 概率 ········· 158
- 3. 风险回报比 ········· 163
- 4. 回撤 ········· 167
- 5. 量化交易 ········· 170
- 6. 量化交易编程 ········· 176

第六部分 交易心理 ········· 183

- 1. 交易心理 ········· 185
- 2. 交易者个体心理特征 ········· 190
- 3. 纪律性 ········· 198
- 4. 执行力 ········· 203
- 5. 自我控制 ········· 206

第七部分 普遍性问题 ········· 209

- 1. 交易时间间隔 ········· 211
- 2. 模拟与实盘 ········· 213
- 3. 交易者与投资客户的关系 ········· 216

后记 ········· 218
致谢 ········· 221

第一部分

重塑认知

觉悟的程度决定看待事物的深度

1 价值观

（1）社会学的思考

我大学学习的专业是社会学。自接触这一专业之后，无论是在象牙塔内学习，还是步入社会去生活、去工作，我都渐渐地习惯于齐尔格特·鲍曼所说的"通过社会学去思考"，也一直试图发挥自己的"社会学想象力"，试图从林林总总、繁芜复杂、眼花缭乱的社会现象中，探析各种问题的答案，以满足自己的好奇心。

人是为发现问题和解决问题而存在的。人类自诞生之日起就充满了好奇心，不断地提出各种问题，去寻求各种问题的答案，探索人自身、社会、自然界与宇宙的奥秘。随着人类社会实践活动的不断丰富，人类社会生活越来越复杂，步入近现代之后，人类的创造发明呈现出井喷式增长。同时，人类的认识能力在不断提升，认识程度在不断深入，知识体系在不断充实与完善，科学在不断发展，结构庞杂的自然科学体系和人文社会科学体系随之而建立起来。

金融市场是人类文明社会无数创造物之一。金融市场经营货币资金借款、有价证券交易、债券和股票的发行、外汇买卖、黄金等贵金属买卖。金融市场参与的主体是人，是理性的经济人，每个主体都认为自己具有完全的理性，做出的选择可以实现自己利益最大化。过度的自信并不能拨开金融交易市场的诡谲云波，获得对它本质的认识。金融交易市场如同广袤无垠的海洋，有时风雨如晦、波涛汹涌，有时风和日丽、风平浪静。千帆竞渡，有多少人收获满船达到光辉的彼岸，又有多少人船毁人亡葬身海底。金融市场是人的创造物，参与的主体是人，表面的资本关系掩盖了资本交易市场的

人与人的关系，因此，要想了解金融交易市场的本质，不仅仅要借助经济学和金融学的知识，更重要的是要利用社会学的立场、理论、观点和方法来分析参与市场主体的人。

要认识金融交易市场的本质，必须发挥社会学想象力，通过社会学来思考。人类通过实践活动结成了一个整体，这个整体就是社会。人是客观世界与主观世界的中介，是主客观世界的桥梁，人类通过实践活动搭起了沟通主观与客观世界的通道，人是实践的主体，又是实践的客体。社会学研究社会结构、社会问题、社会现象、社会发展运行的规律，而这一切又离不开对构成社会的个体"人"的研究——人的社会心理和人的社会行为的研究。

金融市场的主体是人。金融市场运行发展的趋势与规律是不同人在市场中的行为交互作用的结果，金融市场的波动是金融市场的主体参与者心理指导下的行为相互作用、相互影响的结果。金融市场形形色色的参与者的行为具有无限多样性，面对同一个金融市场，为什么不同的人会做出不同的选择，从而表现出不同的行为呢？曾经有一个朋友告诉我，他买的股票赚了钱之后在最高点的位置卖掉了。他问我："为什么高点还有人买？难道说买的不知道已经是高点吗？到底是卖掉的傻还是买入的傻？"

一切交易行为都是交易者隐性心理活动的外化。交易者的投资与撤资、买入与卖出都离不开他对金融市场的认知、理解和判断，不同主体对金融市场的不同认知、理解与判断贯穿了金融市场从形成、发展到解体的全过程，正是人的心理的多样性，认知、理解和判断的不同才导致选择行为的多样性，最终促成了金融市场的形成与发展。假如参与交易的各方对市场的判断完全一致，高低点的认识完全相同，所做的选择也完全相同，金融市场就可能会要么死亡，要么崩溃。

不同价值观影响甚至决定每个人的认知、理解、判断和选择。排除个体心理差异、知识技能水平不同和时空坐落有别等原因之外，影响认知、理解、判断和选择的最重要的因素在于价值观。因为在金融市场的一切选择无时无刻不受价值观左右，因此，在认识客观的交易之前首先剖析价值观问题，以便确保交易的每一环节、每一境况都能够有正确的价值观指导，从而确保交易者有良好、健康和稳定的心态，避免被市场波动和个人成败得失所左右。

（2）价值观

价值观是基于人的一定的思维感官之上而做出的认知、理解、判断或抉择，也就是人认定事物、辨定是非的一种思维或取向，从而体现出人、事、物一定的价值或作用，简言之，价值观就是对事物意义的认识。人自诞生之后便在家庭、社区和陌生的外部社会环境影响下开始了从生物人到社会人的转变过程，这一过程在社会学里被称为人的社会化，在文化人类学领域被称为濡化和涵化。在人的社会化、濡化、涵化的过程中，每一个个体都会逐渐形成对世界万事万物——自然界、社会以及人自身——的价值较为稳定的理解、判断和认识，这种认识就是所谓的价值观。

价值观具有稳定性和持久性、历史性与选择性、主观性的特点。价值观对动机有导向的作用，同时反映人们的认知和需求状况。价值观具有相对的稳定性和持久性。在特定的时间、地点、条件下，人们的价值观总是相对稳定和持久的。比如，对某种人或事物的好坏总有一个看法和评价，在条件不变的情况下这种看法不会改变。价值观一般隐藏在人的外显行为的背后，价值观的特性，尤其是行为导向性使得它时常在行为中暴露。通过人外显行为中的蛛丝马迹总可以发现隐藏在人心里深处的价值观，通过对金融市场参与者行为的探析，同样也可以发现不同参与者的千差万别的价值观。

价值是衡量客体对主体需求满足程度的尺度。在金融市场中，参与金融活动主体的人总是在不断衡量市场能够给个人经济成功的欲望带来多大的满足，却很少顾及金融市场其他参与者的利益，更不用说考虑社会需求的满足了。金融市场参与者往往认为资本的最大价值在于它能够增值，金融市场就是博弈，资本的多寡、个人智

力水平的高低、技术掌握的熟练程度决定了资本增值的能力，并且认为这是资本市场颠扑不破的真理。以上认识强调了金融市场价值形成中主体的需求、动机、知识和经验的重要性，也强调了金融市场的本质属性，还充分考虑到了金融市场与作为主体的人二者之间的互动关系。不可否认，在一切价值中，人的价值是主体的价值，是创造一切价值的价值，是一切价值中的最高价值。

在金融市场，交易行为选择的最稳定的影响因素是价值观。就金融市场而言，价值观决定了个人的成败得失；就整个人生过程而言，价值观决定了个体的发展方向。人的行为受价值观的影响，每个人的价值取向各不相同，这与价值的主观性密切相连。由于每个人的身心条件、年龄阅历、教育状况、家庭影响、兴趣爱好等方面的不同，人们对各种选择有着不同的主观评价，这就造成不同价值观支配下人的行为或选择的千差万别。例如，一个人买车时，有人喜欢红色，有人喜欢白色，也有人喜欢黑色。看上去喜欢什么颜色具有主观任意性，但决定车身颜色选择的原因并不是无法解释，起根本作用的还是对颜色价值的认识，也就是颜色的价值观，即是由个人的价值观决定的。

价值观对人们自身行为的定向和调节起着非常重要的作用。价值观决定人的自我认识，它直接影响和决定一个人的理想、信念、生活目标和追求方向的性质。无疑，拥有不同价值观，会有不同的外显行为，形塑出不同的社会角色，走向不同的人生结局。

坚持多元价值观有利于和谐。价值观具有多元性，我们要有包容的态度，在坚持自己价值观的同时，理性对待不同价值观。费孝通先生"各美其美、美人之美、美美与共、天下大同"的民族观和文化观可以成为指导人们处理价值观关系的准则。尊重价值多元理念、理解和包容不同的价值观可以作为打开建设和谐社会问题的金钥匙。因此，在探讨客观的交易之前，深入研究价值观定义、特点和作用不仅是十分必要的，而且具有十分重要的意义，它能够帮助人们理解每一个人的选择会有所不同及产生不同的原因，并且当我们知道不同选择的根本原因后，能够帮助我们尊重他人的选择。不管是在社会生活中，还是在交易市场中，当我们尊重每个人的认识、判断、决策和选择的时候，其实，已经学会了包容所有的一切的差别和不同。

坚持正确客观的价值观是市场交易成功的秘诀。具体到交易市场而言，归根结底，交易市场是由人来参与并主导的，而交易者的行为又是个人交易价值观的外化，交易市场的波动即是参与者们不同的价值观相抵触对立融合而造成的，所以深刻理解价值观对市场的意义非常重要。在交易行为中，交易者只有在每一时刻、每一步骤、每一环节坚持正确的价值观指引，使自己成为具有行情洞察力的人、具有先见之明的人、具有长远眼光的人和具有战略制胜先机的人，才能取得交易事业的成功。

2 对与错

对与错是对交易行为、交易规则、交易理论的一种基本认识与反思。交易市场中时常遇到交易理论、观点或交易行为对错之争，类似的争辩上升到认识论层面其实是真理与谬误之争。判断对与错、真理与谬误受价值观的影响，有时甚至是至关重要的影响。事实上，所谓的对错、真理或谬误都是人类赋予世界不同事物、不同思想、不同行为一定的价值，或者说是赋予它们一定的意义。马克斯·韦伯曾指出，人类是悬挂在自己编织的意义之网上的动物。因而对与错，或许只是一种约定俗成，一种大多数人理解并认可的能够最大程度上确保人类生存繁衍的规则。对与错是相对的，对事物价值的判断，对认识、观点和理论的肯定与否定，受不同个体的传统习俗、文化背景、时空坐落、立场观点、理论和方法、身心状态以及认识能力的制约。

真理与谬误是认识论一对对立的范畴。类似真理与谬误对应的概念还有是与非、对与错。现代自然科学与社会科学将对与错、是与非、真理与谬误置于逻辑判断的两端，交易市场中的交易行为价值判断也遵循这一传统。一般而言，交易行为只有对与错，没有既对又错。但交易行为对与错、是与非、真理与谬误的判断具有延后性，它不是对当下行为的判断，它是对过往行为的判断。当下交易行为的对错要在未来确认，交易中的一切行为都是主观认定为正确的行为，判断买入或卖出、在哪一点买入或卖空、加仓、减仓、平仓等是否为正确和理智的行为，只有在交易完成后才能确定。但事实是多数，甚至是绝大多数，自认为正确的交易行为事后都被证明不是正确的行为，很多被认为是正确的交易行为并且达到预期的交易行为也可以用运气来说明。只有"股神"每一次自认为正确的交易行为都是正确的行为，但交易市场中没有几个沃伦·巴菲特或乔治·索罗斯，即使是沃伦·巴菲特或乔治·索罗斯也有失算的交易行为。

交易行为的真理与谬误具有相对性。后现代主义打破二元对立结构的认识论，对于对与错、是与非、真理与谬误有着另一番的解读，真理与谬误只一步之遥。我们的判断到底是对的还是错的，到底是真实的还是虚构或想象出来的？只有完全符合客观、为实践或事物后来发展趋势所验证无误的才是真实的，才是正确的。尤其是在交易市场，任何的交易行为都是虚构或想象的真实，没有绝对的对与错，而交易行为的对错完全是事后判断，任何预判的行为都难断行情未来的对错，因而也就无所谓对与错，或者既有对的一面也有错的一面。当下，这种打破现代主义立场、观点、理论和方法的理解方式大行其道。交易市场是汇聚了大量的主观行为的场域，传统的二元对立结构化的认知判断方式方法也应该重新解构，唯有如此，才能在交易市场中不被暂时的窘境所困扰，不被暂时的获利冲昏头脑。

交易者根据对他人的行为推测来判断市场发展趋势。市场交易行为正误判断无时无刻不涉及主体间性，即人对他人意图的推测与判定。市场发展的趋势是基于主体间性行为的结果。市场所呈现出的趋势正如众多石子投入一湾池塘后泛起的不断波动的层层涟漪，任何人都无法推测、控制涟漪变化的趋势，尽管众多不同的自信者认为掌握了涟漪变化的趋势，不断投入池塘的石子持续地改变着涟漪变化趋势。交易市场的情形与之极为相似，持续不断的交易都在持续改变着交易市场变化的趋势，这无疑增加了交易者探索市场变化趋势的难度，甚至可以说，任何人的交易行为判断都是不精确的，因而，交易市场是变动不居的，变化的趋势是极其复杂的，市场行为的对错是极其难以断定的，也可以说很多的交易行为是无所谓对与错的。但交易者在判断对错时并非根据交易市场的本质，而是根据交易者本人交易行为一个周期后（判断1—选择1—买入1—

判断2—选择2—持有—判断3—选择3—卖出）的结果是否得利判断对错：判断1时做出肯定自己的交易行为是正确的，然而它的正确性并不能立即得到证明，必须在卖出后才能确认是否正确。假如获利即肯定当时选择是正确的，若是亏损，则认为当时的判断是不正确的。交易市场不会因为个体判断的对错而停滞，它会在主体间性交互作用下继续运行下去，而每一个个体都会在持续不断的市场变化中进行判断，根据自认为正确的判断持续不断地进行交易（持有本质上也属于交易）。

交易市场中交易者应该有自己的对错判断标准。交易者一般以交易的结果来判定自己交易行为的对错，获利的交易行为就是正确的。但交易者对自己的判断往往具有巫术心理：没有人会怀疑巫术的效力，巫术的失败不是巫师技术的原因，而是其他因素的干扰。与之相似，交易者并不怀疑自己的判断——交易获利了，判断是正确的；交易亏损了，不是自己的判断出了问题，而是交易市场其他因素导致判断的失败。在这种心理支配下，交易者不断通过成功的判断来肯定自己对交易市场变化趋势认识和把握的能力。而交易者一旦发现没有实现预期的目标，一般是不会否定自己的判断能力，而是试图从交易市场或市场外寻求影响市场变化趋势的意外因素。交易本质上具有博弈的特点，但"成功归因于个人技术，失败归因于外在影响"或"虔诚不足"的巫术心理，和"自信下一次幸运女神肯定恩惠"的赌徒心理是不能获得持久的胜利的。

仅仅根据交易盈亏的结果判断对与错是不客观的。在交易过程中，客观地理解交易行为与结果的关系，判断对与错就会有新的理解，不同的"对与错"的认识本质上源于前置标准不同而已。判断任何行为的对错，肯定在判断者心中存在一个前置条件，这个前置条件其实就是一个前置标准。不同的前置标准，判断结果也会不同。在交易市场，有很多交易者使用了错误的方法但盈利，也有交易者使用正确的方法却出现亏损。任何的交易行为都会有两种结果，一种是盈利，一种是亏损。正确的交易行为也有亏钱的时候，错误的交易行为也有赚钱的时候。这样就蒙蔽了很多人，他们认为只要赚钱的交易行为就是对的，亏钱的交易行为就是错误的。在交易的世界里必须首先重新界定你的行为标准的对与错。在交易过程中大多数人不能按照客观的交易规则出牌，究其原因是不能正确地认识到交易过程中"盈利的交易"与"亏损的交易"的辩证统一关系。修行者众，得道者寡；交易者多，悟道者少！交易乃是一个修心的过程，看你的心能否如山不动，不取于相，不随境转，不以盈利为喜，不以亏损为忧，不符合客观交易规则的主动止损也就丧失了盈利的机会，坦然面对"亏损的交易"和"盈利的交易"，在交易中遵循利用客观的交易规则是走向成功的必由之路。判断每笔交易正确与否的标准不是这笔交易最后是盈利还是亏损，而是你的客观交易系统、你的出牌规则是否正确。如果你的这笔交易是按照你客观的交易规则出牌，不管最后的交易结果是盈利还是亏损，该笔交易都是正确的交易；相反，如果你的这笔交易不是按照你的客观交易系统进行，不管这笔交易的结果是盈利还是亏损，这笔交易都是错误的交易。按照客观的交易系统出牌实现的盈利叫作"君子爱财，取之有道"。不按照客观的交易系统出牌实现的盈利类似于"贩毒、抢劫和贪污"。交易中最可怕的事情是什么呢？就是在错误的理念和方法下，实现了盈利的交易，它将带领你走向交易的地狱。

　　客观的交易系统中设置止损是正确的投资行为。在行情符合交易者的预期时，客观的交易系统根本不会触发"止损功能"设置，此时客观的系统"止损功能"设置看似毫无意义，但是"止损功能"设置是保护交易者资本安全的有力屏障，因为市场发展的趋势、交易的行情永远不被人准确预知，"止损功能"设置也只有在价格偏离交易者预期时才具有意义。止损是熔断理性与非理性的最好工具。在价格偏离交易者预期之后，执行"止损功能"才能使交易者认清行情状况，回归理性与客观。在执行"止损功能"过程中，交易者会遇到"止损功能"连续被执行，此时交易者会开始怀疑其使用交易的方法或者是放弃执行止损从而使得资金受到更大损失。成功的交易者知道，如果你不"割肉"，你的损失可能会更大。你越是计较你的损失，损失就会变得越大，而如果你耽误了做决策的时机，损失可能会更加难以处理。我们不愿接受损失的原因是，它迫使我们承认自己错了，而人天生不喜欢承认自己是错误的。毫无疑问，止损操作的成败，关键就在于交易者能否正确地认识投资失误，并以坚定的意志，在应该止损之时立即执行止损操作。决不应心存侥幸，更不能用各种理由说服自己放弃或推迟实施事先设定的止损策略，必须以不折不扣的态度、无条件地执行事先制定的止损策略。只有善于应用止损策略的交易者才可能在市场交易过程中达到最高的交易境界。

关注对与错的问题，本质是为了帮助交易者理解交易的智慧。市场交易注重经验，但仅有经验是不够的。很多人认为自己已经有了丰富的经验，是因为他们在反复犯同样的错误。如果一个人真的从错误中学习，那么他的生活就会发生改变，那么他获得的就不是经验，而是智慧。如果想从错误中获得宝贵的智慧，就必须让"责任意识"控制你的思维，"责任意识"会唤醒你，使你从这些错误中学习，并且有助于吸取失败的痛苦教训、汲取成功的宝贵经验。经过交易市场的磨炼和洗礼，成功者会自豪地发现："我能在交易中获得成功，是因为我比其他人愿意犯更多的错误，并且能够从中吸取教训。多数人要么不愿犯错误，要么反复犯着同样的错误。没有从错误中学习，生命中就不会有奇迹。"人生如此，交易市场也不例外。

3 主观与客观

市场交易行为不同于交易市场外部的社会行为。市场交易行为是社会行为的有机组成部分，具有社会行为的一般特征。就行为主体意识参与的程度和方式而言，市场交易行为与交易市场外部社会行为有所不同，社会行为既有行动主体主观控制的、有意识的行为，又有行为者随机的、无意识控制的行为；交易市场行为除了交易者失误性操作之外的行为无不是交易者主观控制的、有意识的、理性的行为。交易市场是主观行为组成的场域，场域内所有行动者的思考和行为都是有目标且理性的，无不属于试图获得经济利益最大化的"理性的经济人"的行为——无论是法人组织还是个体，追求盈利或资本的增值是交易者唯一的目标，一切行为都是为这个目标而服务的。交易市场所有活动中面临若干不同的选择机会，交易者总是倾向于选择能给自己资本带来更大增值的机会，即总是追求资本增值利益最大化。贬值时割肉的交易目的也不是为了追求自我牺牲精神的感性行为，而是为了控制亏损程度的理性选择的行为，这种所谓的"止损交易"只不过是为了盈利最大化采取的迂回战术。

交易市场是主观与客观的结合体。虽然交易市场的行为是汇聚主观意识控制行为的场域，因而交易市场具有极强的主观性。但是主观与客观总是对立存在的，交易市场同时还具有不以人的意志为转移的客观性，交易市场运行的规律是很难被发现和掌握的，任何人、任何组织要想扭转市场价格下行的客观现实几乎是不可能的，要想在市场价格上行中立于不败之地也是很难做到的。因为交易市场有其潜在的规律和人为设定的规则，这些规律和规则都是客观存在。其中一条铁律是，交易市场所有的盈利和亏损是等额的，这是不以人的意志为转移的客观事实。人为设定的规则一旦出台，就会成为市场博弈游戏的客观存在，在交易市场客观规律和博弈规则支配下，市场交易就是一场零和游戏。起决定作用的是交易市场背后潜在的规律，交易市场没有常胜将军也就成为一种客观存在的铁律。此外，否极泰来、物极必反是自然发展和社会运行的规律，但交易市场中毕竟只有少数人能够坚持这一规律认识。总之，掌握交易市场客观规律的智者往往是知止而止、知行而行，并非见利而上，逢亏而退。

交易方法既具有主观性，又具有客观性。在既定的交易规则和潜在的市场运行规律支配下，不同交易主体具有不同的交易方法。交易方法是交易者为了实现资本增值这一目的的手段，有时也是实现资本增值目的的行为方式，在某些方面，交易方法的同义词是交易技术。可以认为，每个人的交易方法都是出于对交易市场规律的认识，也都是每个个体探索交易市场规律的认识创造物，是不同交易者个人经验的总结。由于认识主体主客观条件差异，认识能力和水平也就千差万别，对客观规律的认识程度也就深浅不同，所创造的方法也就具有各自的特点，因此可以说，交易方法具有主观性和多样性。方法有正确的方法，也有错误的方法。符合客观规律的、能够实现交易者预期目的的方法，或者符合交易市场发展规律或趋势的方法是正确的方法。使用正确的方法就能够在交易中做到事半功倍，实现资本增值的预期目标，交易方法具有成熟性、系统性、科学性，并且符合理性，符合交易市场的发展规律和趋势。背离交易市场发展趋势和规律的方法事实并不能称之为方法，可以说只是交易者个人的不成熟、不系统、不科学、不合理性的想法或做法，这些想法和做法有时也可能为交易者带来幸运，实现一定的预期效果，但若在市场交易中坚持这种想法和做法最终不仅会产生事倍功半的效果，甚至可能是无功而返，更有可能导致资本严重缩水。交易市场中，谁能够认识、掌握和顺应（利用）市场运行的游戏规则和运行规律，谁就是博弈的获胜方。交易者只要抓住每一次机会，掌握各种不同制胜之宝，就可以立于不败之地，但是机会和方法很难被交易者发现和掌握。

交易方法的客观性表现在交易市场存在多种多样的方法（已知的和未被发现的）。交易方法也是一种客观存在，具有客观性，交易市场总有一种最好的交易方法，只是没有被人们发现罢了。似乎能够发现这种最有用的、最有价值的交易方法，人们就不需要再去研究市场，直接去学习这种客观高效的方法，直接按照这个方法进行交易就可以了。但是，一种最好的交易方法一旦被更多的人所认识、所运用，它必然给资本交易市场带来巨大的影响，一旦普及开来，这种方法所面临的结局必然是失灵、失效。因为资本交易市场能够有效运行下去、发展下去，就在于市场结构的复杂多样性：交易主体的多样性、认识的多样性、行为的多样性，而且交易市场参与者总体盈亏平衡性的零和游戏的本质决定了方法一致性是不可能的，也是不可行的。谁先掌握了有效的交易方法，谁就是胜者。

交易方法是交易主体主观认识客观的产物，具有主观性，是交易者经验的总结。但交易方法一经产生就成为一种客观存在，这就是交易方法的客观化。客观化的方法是交易者个体主观的发现或创造物，客观化的过程是一个系统化、逻辑化、科学化、合理化的过程，可以适用于不同的交易者，在不同情况下都行之有效，对不同交易者而言，一旦采用这些方法就等于复制他人的成功经验，实现资本增值的目标。

技术是比较具体的方法。资本交易市场存在两种技术类型的交易行为：一种是建立在交易者本人经验基础之上的、根据非理性的盘感、主动分析行情所做的交易，与这种交易行为相对应所采取的技术具有很强的主观性，具有不可复制性；另一种交易行为是建立在确定性标准的、理性基础上的交易，这种交易行为所采取的技术具有客观性，是可以复制的，可以被不同的交易者在不同条件下所运用。

数据分析是交易市场使用的最为重要的一种技术。交易者通过对数据进行分类、汇总、比较、建立各种函数关系，从而建立一套交易系统理论。以往的交易系统理论倾向于通过对交易历史数据进行分析来判断交易市场发展的趋势，所有理论所描绘的发展趋势都是建立在"自然交易"的基础之上的，也就是建立在所有参与者盲目的、非理性的、无任何理论指导基础上的，因而这些理论似乎具有客观性、必然性和自然性。但这些理论忽视了这样一种现象，一旦理论被广泛应用，参与者采取共同的行为，就必然会干涉趋势发展，理论的客观性、必然性和自然性就会被破坏。例如，技术指标的黄金交叉理论和死亡交叉理论十分流行，事实上技术指标的黄金交叉和死亡交叉都是不同交易者采取不同的主观交易行为促生的，它不是不同交易者共谋做出来的，而且持续的主观交易会随时改变价格运行发展的趋势，所谓的预示利好的转折点黄金交叉和预示利空的转折点死亡交叉会随时消失。打一个极端的比方，当所有的交易者都掌握了一个指标的黄金交叉理论和死亡交叉理论，并且以此指导交易行为之后便会出现这样的现象：一旦技术指标黄金交叉出现，交易者不再卖出甚至加仓，一旦死亡交叉出现，交易者就会清仓而不会有人接盘，买卖是对立统一的，失去了对立一方的交易行为的一致性必然导致交易的无法完成，市场必然走向死亡或崩溃。所幸市场交易者并不是使用同一种理论指导，好在并非所有交易者都有理论作为工具，好在并非所有的交易行为完全一致，从而确保了交易市场能够运行和发展下去。

应当承认，数据分析是一种十分有效的方法、技术或工具。我认为，客观的交易系统除了应该对历史交易数据进行交易时间点、交易量、成交价等分析之外，还应该对交易行为进行量化分析，结合实战经验、对具有主观意识的交易行为进行数据化、系统化，根据特定的标准建立一个可重复使用的交易模型，从而实现交易方法和交易技术的客观化、理性化、系统化、程序化、科学化。当具备了这些特点之后，一套方法技术模型也就具有了可重复使用的价值，也可以称之为"方法技术的标准化"或"数据的标准化"。

采用标准化的方法技术进行交易屏蔽了交易过程中非理性因素的干扰。它适用于长期操作，使交易过程更加客观、理性、符合市场发展的大趋势而不是短期表现。操作方法或工具的标准化使得交易者看待市场价格走势、判断与交易更加便利，因此，降低了对大批资金和客户操作的难度，有利于交易者控制、管理和操作大批量资金和账户。不可否认，标准化操作可能带来资本增值品质的下降，正如同复印机可以快速生产大批的画作，但无疑，复制品与原件的价值和质量不可等量齐观。与之相似，交易者仅仅管理小批量的资金和账户所获得的收益率必然高于大批资金和客户，尽管后者的总收益远远高于前者，这就是资本增值品质的下降。另一方面，因为标准化的方法技术符合市场发展的大趋势，这就必然要使得市场交易能够忍耐市场短期剧烈波动震荡的刺激，提高了短期获利的风险，与广大交易者急功近利的心态相背离，降低了交易者的信心，极容易造成投资客户的流失。

主观性操作方法与技术存在明显的缺陷。交易者应尽量摆脱主观性操作方法与技术的羁绊，不断采用客观性操作方法与技术。在交易市场波动剧烈、连续强势上升或连续强势下滑的境遇下，未掌握客观性交易操作方法的交易者很难一直保持理性，而且极容易陷入非理性状态，因欣喜若狂、恐惧、焦虑而出现失误、失策、失算等。失算是在所难免的，然而一旦掌握了客观性交易方法与技术，交易者胸中自有雄兵百万，胜负尽在掌握中，经得起惊涛骇浪的考验，耐得住小利的诱惑，最终必会获得大利或成功逆袭。

4　艺术与科学

艺术的价值就在于它的原创性。任何伟大的艺术家都不可能完成两次完全相同的创作，就绘画、雕塑等形象艺术而言，无论多么高明的仿作都是赝品，其价值难以与真品相比。不同艺术家的艺术创作思想、创作方法也具有独特性，他人可以学习，虽然青出于蓝而胜于蓝，学习者的能力和成就可能超过老师，但再智慧的学习者也不可能获得老师的全部的思想；子女能够继承父母的基因，但父母的艺术思想、创作方法却难以遗传给子女。

交易艺术是交易过程中为了实现资本增值的目的所采取的一些方法、技巧或技术。交易者的成功是不可复制的，不同的成功交易者有不同的方法、经历和经验，在交易市场，无论成功的交易者所使用的交易艺术多么成熟和高明，在推广的过程中其效用都会降低。交易的艺术是交易者长期努力所形成的独到的方法、技术和技巧，是长期经验的沉淀，是交易智慧的结晶，具有不可复制性，不可复制性是交易艺术的品质。不同的交易者会有不同的盘感，盘感纯属于主观性和非理性的，根据这种主观性和非理性的感觉而采取的技巧性、技术性的交易行为。所以交易艺术都是极其独特的和应景的，不经过模式化、系统化、固化，就永远停留在飘忽不定的状态，就不可能被广泛分享，即使被分享，其效率也会大打折扣，这就是交易艺术的不可复制性。

现代科学技术的推广，使得批量生产极为便捷。科学技术在推广的过程中不会因为推广范围广度的延伸而发生变形。在科学的工艺、技术、方法和程序指导下，任何实验、生产等产生的结果不会因人而异，这充分体现了它们的可复制性。

极其精致的艺术也是极其独特的，它是个人经验的结晶。以烹饪为例，烹饪大师根据自己的经验做出的美味佳肴是极具特色的艺术品，它以极其独特的方式给人们美的享受，在满足人们味觉的同时还满足了人们视觉和嗅觉的需求。烹饪大师的创作方法具有不可复制性，基本是根据经验进行操作，每一次的作品都是独特的，食材、调味品、烹制的火候、时长、色香味的判断都是凭经验和感觉来操作，但绝对次次各不相同，这就是烹饪艺术创作的特点和价值。

科学是程序化和标准化的。再以烹饪为例，如今，美食连锁企业遍布全球，像麦当劳、肯德基，在世界各地星罗棋布。美食连锁企业采用程序化、标准化的科学方法也可以批量烹制出美味佳肴，但批量生产可能带来独特性的消失。但程序化、标准化、科学性的生产，其效率却是惊人的。

艺术创作和科学生产各有所长也各有所短。艺术创作具有独创性和不可复制性，科学生产带来的是批量生产，但产品不具独特性。市场交易行为尽管都是理性的行为，但交易的艺术却具有浓厚的感性色彩，尽管具有独特性的优点，但是也具有十分强烈的主观性、随机性和不确定性缺陷。交易艺术可以使交易做得更有特色，但未必能得到更好的效果。交易科学是系统化、程序化、理性的、符合逻辑的交易方法体系，它屏蔽了感性的干扰，适用性更加普遍，因而可以操作更大批量的资本，管理更多的账户。批量操作和批量管理是交易科学最大的优势，但操作方法方式或交易行为方式比较固化和呆板。

对于交易艺术和交易科学应该采用取长补短的态度。对于二者的优势和劣势，要两利相权取其重，两害相权取其轻，对二者进行取长补短，知所取舍，方得始终。在具体的交易过程中，注重短期操作、资金规模不大的可以充分发挥交易艺术的长处，实现短期获利的目标，而资金规模庞大、操作账户众多的情况下应侧重发挥交易科学的优点。

交易科学理论与社会科学其他领域的理论有些类似。交易科学研究的对象是交易市场客观规律，但实际上它仍是对人的研究，它研究的是交易市场中的人，研究的是交易者的心理——类似于社会心理学，还研究交易者的行为——类似于社会行为学。研究交易心理和交易行为的目的是探索交易市场发展规律。科学的交易方法建立在对交易市场宏观层面、长期的、理性的、符合资本市场发展趋势的、逻辑的大数据分析基础之上。其他社会科学理论尽管离不开对微观个体的研究，但它也是对社会进行宏观研究、分析与描述。因此，交易科学理论和社会科学理论都适宜于进行宏观解释，然而落实到微观或个体层面，理论的解释力就会下降。比如，单亲家庭子女的心理问题多于结构健全家庭的子女，就中国现阶段整个社会的家庭而言，这一理论具有一定的说服力，但具体到某两个家庭进行对比观察，可能会发现相反的情况。对于交易科学理论而言，也存在宏观有效、微观失灵的现象。交易科学理论在解释整个市场、大趋势、长时段的数据时具有很强的说服力，但是具体到某个标的物、某一时段时，交易科学理论就有可能失去说服力。所有不符合理论的现象都可以用"例外"进行辩解。

交易科学为道，交易艺术为术，交易市场发展所呈现的面貌为势。道、术和势这三个概念只是一种借用，主要是为了阐释交易科学、交易艺术和交易市场之间的关系。市场是动态的，每时每刻都有它外在的表现，仅凭某一时点片面的现象难以发现它的运行动力及方向。市场的发展过程呈现出一种推动它向某一方向运行和发展的动力。市场发展的方向就是趋势，可以简称为势。交易艺术是因应发展趋势的一种手段、策略或方法，它具有应景性、临时性和随机应变等特点，这种手段、策略和方法可以称为术。术在市场动态发展过程中，交易艺术必须顺应市场变化的趋势，只有顺势而为，交易才能产生更强的艺术感。交易科学是对交易市场的宏观角度和微观层面的认识。在交易市场，它是客观的、超然的，是最贴近市场发展运行规律的说明书。

在市场交易中任何交易者都应悟道尊道、顺势而为、精湛于术。

科学交易是交易市场的大道，在交易市场内，追求资本的增值是交易者终极的追求，也是交易者基本的资本价值观。但是，交易者必须对市场交易是零和游戏这一简单的道理，也是最本质的、最重要的道理有所认知、体悟和理解，这样才能使自己不至于堕落为金钱的奴隶。此外，交易者要遵守和遵循市场交易的规则和规律，尊重交易市场。尽管市场是所有交易者们意志集中的体现，但市场的发展不是以个人的意志为转移的客观存在，唯有做到尊道，才能胜不骄、败不馁。交易市场无时无刻不向某个方向发展，顺势而为必须首先要依据交易科学对交易市场的发展趋势做出客观的判断。然而，发展的趋势总是以伪装的面貌呈现给交易者，假如你迷恋它的外在表现而忽视对本质的认识，那么它美妙的形态如同塞壬妙曼的歌声，会将你的命运之舟带向深渊。作为"术"的交易艺术是方法，是技巧，是技术，它服务于现实的交易，它服务于清除资本增值的障碍，交易者只有熟练掌握了它，在市场交易中的交易行为才能更加自然、顺畅，从而给交易者们带来精神上和物质上的满足。要精湛于术，必须树立正确的价值观，必须对交易的经验进行不断总结，必须将感性的认识理性化、客观化。

　　交易市场中，道、术和势并非处于割裂的状态。任何的交易行为都将交易艺术、交易科学与交易市场的发展趋势混同在一起，形成了你中有我、我中有你，你离不开我、我离不开你的局面。交易者只有通过不断地去实践、学习和探索，才能深化理解、灵活运用，当你能在三者间转换自如的时候，成功就在你面前了。至此所谓：道致大成，顺势中成，术有小成，三者贯通，便可天成。

5　理性与非理性

交易市场是聚合理性主体和理性行为的小社会。在分析人类经济行为时，英国著名古典经济学家亚当·斯密提出了一个颇具说服力的概念——理性经济人，意思是作为经济决策的主体都是充满理性的，即所追求的目标都是使自己的利益最大化。具体说就是消费者追求效用最大化；厂商追求利润最大化；要素所有者追求收入最大化；政府追求目标决策最优化。理性经济人这一概念用来说明交易市场的交易者及其行为尤为合适。像交易市场这样一个聚合了理性主体和理性行为的小社会，也可称为一个特殊的社区，不过它缺乏传统社区那种守望相助、关系亲密的传统。在这样的小社会或社区中，每位交易者（行为主体）都是理性的经济人，交易者无不清楚自己行为的目的，也十分清楚明白自知，为了实现自己的目的应该采取什么样的行动（交易行为）。交易者每一次交易行为都是建立在"自认为"缜密判断、严格推理基础上的理性行为，经济人的理性在市场交易中得到淋漓尽致的体现。保障交易市场正常运转的规则、制度等机制是国家政府经过理性操作构建起来的，构成了一个理性的交易框架。交易市场上资本虽是冷冰冰的数字，但它既具有增值这一生动活泼的个性，也有缩水贬值的特点。在理性操作中资本不断流转，交易者让资本流转的目的就是直接或者采取迂回曲折的方式实现资本增值这一经济人理性的目的。总而言之，交易市场就是交易框架、交易者主体、交易行为与交易文化构成的一个特殊的理性的小社会。

非理性或感性是与理性相对应甚至是对立的概念。人类自诞生之日起就是理性和非理性集于一体，但随着环境、人类发展演化阶段、心理成熟的程度等不同条件变化，理性和非理性的表现或作用强弱也会不同,有时人为理性所主宰,有时人又是感性的奴隶。非理性或感性因素主要是指主体的情感、意志、欲望、动机、信念、信仰、习惯、本能等意识形态。非理性因素,本身并不属于人的认识能力,但对人的认识活动的发动和停止、对主体认识能力的发挥与抑制起着重要的控制和调节作用。这些非理性因素给人的认识活动、认识过程提供了动力、动因和调节控制的机制。理解认识过程中的理性因素和非理性因素之间关系的关键是理解它们之间所存在的辩证关系。

人不完全是理性控制的机器,或者是理性的机器。尽管交易市场中每位交易者都是理性的经济人,每位交易者的行动都是在极强的理性指导下的行为,但并非每个人理性判断和理性决策的结果都绝对带来预期的效果。面对自己无法左右或控制的世界,面对自认为理性判断、理性决策演变为出乎理性意料的失败,交易者的情感出现波动是极为常见的,意志力出现变化也不奇怪(胜者愈加自负,败者丧失生存下去的欲望),像欲望、动机、信念、信仰、习惯、本能等意识形态都会与市场的运行与发展密切相关。在市场剧烈波动条件下,交易者的资产瞬间膨胀或急速缩水,交易者的理性会面临巨大的挑战,交易市场中强烈的刺激必然会带来情感、情绪的剧烈变化。交易市场如同奇险幽深的山林,没有几人会像圣人舜一样,入于大麓,遇烈风雷雨而不迷;交易市场又如同没有硝烟的战场,没有几人能像猛将赵子龙一般单骑闯万军而不乱。交易市场具有一股非凡的魔力,不断闪烁变幻的数字,牢牢地抓住交易者的情绪,然后摧毁交易者的理性,使交易者完全失去自我控制的能力,最终成为市场波动的俘虏。交易市场每一次表现出上涨的行情,交易者大多进入乐观狂热的非理性情绪状态,在非理性情绪支配下,交易者的理性如同脱缰的野马,幻想着市场会无休止地上涨;遇到每一次下跌,悲观恐慌的情绪又开始蔓延,无休止的压力让交易者的理性滑到崩溃的边缘。

盲目非理性交易必然面临失败的结局。交易者的理性控制力会随着市场波动的刺激而弱化,这首先在于交易者对交易市场的认知存在不足。交易市场零和博弈的本质决定了每一次交易都有输赢，交易市场没有、也不可能存在常胜将军。成功和失败看似概率相等，但不受理性控制的交易，失败的概率更高，这是由于交易市场的交易行为不是随机行为，而都是理性控制下的行为，成功和失败的概率与随机抛硬币正反两面出现的概率有很大不同。根据理性经济人假设，交易者的行动路线图可以这样描述：掌握了交易科学知识、经验丰富的交易者以客观的立场观察市场，依据市场发展规律判断市场变化的趋势，确定科学的投资方案，采取理性的行动，实现资本增值的交易目的。在整个交易宏观过程中的每个微观环节，都控制在理性的指导之下。这就决定了盲目的交易最终的结局是失败。交易应该处在理性的控制之下，交易市场的决胜者就像斯诺克比赛一样，能进入决赛的选手，已经不是比技术性技巧性了，比的就是理性控制能力。交易到最后也是一样的，基本上交易者都拥有丰富的经验、知识和娴熟的技巧，关键是理性控制能力的强弱。只有时时刻刻保持理性，排除非理性因素的干扰，才能取得最后的成功。交易系统设计的所有环节，其实都是为了解决非理性干扰因素的问题，通过追根溯源，从系统的第一步到最后决策与付诸行动的各个环节都设置安全阀门，杜绝非理性因素在任何一个环节干扰的发生。市场非理性行为持续的时间，可以远胜过你的资金所能延续的时间。理性的交易者顺着市场趋势去交易，而非理性的交易者总是选择确定的收益，放弃不确定的获利机会，面对损失，在非理性的干扰下，总想避免确定的损失，选择了不确定的损失。迅速获利同时尽量降低损失，这是人的本性。当人们感受到压力时，交易行为的非理性就会增强。交易本来就不仅仅是与外在的市场搏斗，更艰难、更令人畏惧的一点，往往是成功的交易者需要战胜自己、战胜自我的本能和情绪等内在非理性因素。

　　理性可以通过提高对交易市场的认识而得到加强。交易者的智慧和理性并没有足够的力量把人本能的冲动、贪婪的欲望彻底消灭，进入一种澄明之境。冰山顶端是有意识的理性部分，是成功交易的基本原则；沉没在水中的绝大部分则是无意识的非理性世界，潜伏着给交易者带来毁灭性影响的巨大可能。在市场交易中只有保持理性、加强理性才能有更大的胜算，任何盲目、随意、任由情绪情感左右、非理性的交易行为最终都会导致失败。在市场交易中，必须提高对市场交易行为的理性把握，让理性来支配交易，在判断、推理和决策的过程中尽力排除情感和情绪的干扰。要想提高理性控制力，必须通过学习、研究和实践提高对交易市场本质、规则、规律、程序、特点和运行方式等充分的认识。宝剑锋从磨砺出，梅花香自苦寒来。不下一番苦功夫，要想获得对交易市场的真理性认识是不可能的，要想提高交易理性也是不可能的，更不用指望在交易市场上取得成功。

　　理性可以通过确立正确价值观而强化。为什么一些人很容易失去理性，而一些人对自己的情绪情感却具有很强的控制力，表现出很强的理性？影响人们理性或非理性心态的是人们对客观事物的态度而不仅仅是客观事物本身。人的理性能够通过建立正确的价值观来强化自己行为的理性，避免滑落到非理性的状态。稳定生活状态下人的情绪是稳定的，人们更容易理性控制自己的行为，然而异常状况往往增加人的理性控制的难度，人的行为很容易摆脱理性的控制而表现出非理性来。交易市场的强烈波动往往导致交易者失去理性，偏离了甚至摆脱了一贯坚持的深思熟虑的交易策略、原则的约束，在本能的欲望、情绪的控制下不由自主地采取交易行动。交易者假如拥有正确的价值观，能够认识到交易市场的跌宕起伏只是交易者情绪和行为后果的间接原因，而非理性交易的直接原因则是交易者对交易市场波动的认知和评价而产生的信念，交易者消极非理性的情绪和行为障碍结果不是市场波动直接引发，而是交易者对它不正确的认知和评价所产生的错误信念所直接引起，而决定错误信念产生的还在于交易者的态度和价值观念。因此，在交易市场中，要想摆脱非理性交易，除了加强对市场的认知外，还必须改变个人对市场的态度，即改变交易者的市场价值观。

第二部分

了解市场

知己知彼百战不殆

1 交易市场

（1）什么是交易市场

交易市场是指为交易者提供买卖标的的市场，一般是指证券交易市场、期货交易市场、外汇交易市场、黄金交易市场、数字币交易市场。交易市场的核心概念有交易制度、交易标的、交易平台（交易所）、交易者和交易行为。交易市场是交易制度（文化）、资本、交易标的、交易平台（空间）、交易者（主体）和交易行为（实践）构成的一个统一体。交易制度是保障和规范交易市场健康运行、良性发展的政治、经济和文化体系。任何交易行为都必须在一定的制度规范下借助一定的交易平台来实现。交易市场中可以用来交易的股票、基金、权证或外汇都被称为标的。参与标的买入或卖出的主体（个体或组织）是交易者，交易者要么拥有可供买入交易标的的资本，要么拥有可供卖出的交易标的。通过交易平台对标的进行买入和卖出的行为称为交易行为，交易行为是市场运行和发展的基础性条件，标的在交易市场上的流转必须通过交易行为才能实现。一旦交易行为停止了，标的的价格也进入停滞状态，但这并不意味着在任何情况下价格进入停滞状态就必然没有交易行为。交易者行为的终极目标是实现资本增值，但各种主客观条件对实现资本增值这一目标有着至关重要的影响作用。交易平台（交易所）为交易者提供交易的手段、空间、信息和资金保障，随着科学技术的进步，交易平台（交易所）已经实现了网络化、信息化和智能化，交易文化已与计算机面世之前的任何一个时代（传统市场交易时代）迥然相异。相对于实体经济而言，交易市场活动属于虚拟经济活动；就交易方式而言，在计算机产生之后、信息网络技术走向成熟之后，证券、期货、期权等虚拟资本的交易活动通过虚拟的计算机网络展开，交易市场活动使虚拟经济活动属性更加典型和显著，资本交易市场其实就是虚拟市场，资本市场交易行为是虚拟的经济行为，但它可以为交易者带来实实在在的经济利益，当然它也会让交易者在虚拟市场实实在在的亏损。

市场交易是一种零和游戏，最终获取实实在在经济利益的是提供完成交易活动的平台。交易者带着无限雄厚的或有限微薄的资本进入市场，经过一次次无硝烟的厮杀，有的身价与日俱增，有的身价增增减减、减减增增，有的身价锐减甚至变得不名一文，但胜利还是属于那些掌握了丰富的市场交易知识、理论、技术和把握住时机的理性交易者。

（2）交易市场的分类

交易市场可以根据交易标的类型划分为证券交易市场、期货市场、外汇交易市场、黄金交易市场和数字货币交易市场。

证券交易市场的交易标的是已发行的有价证券。有价证券在证券交易市场买卖流通，但真正的流通是上市公司有价证券所有权的转让。证券交易市场为证券持有者提供交易空间、证券相关信息和交易工具以及资金保障。

期货交易市场的交易标的是期货。期货主要不是货，而是以某种大众产品如棉花、大豆、石油等及金融资产如股票、债券等为标的的标准化可交易合约。期货交易市场是按达成的协议交易并按预定日期交割的交易场所或领域。现货与期货的显著区别是，期货的交割期放在未来，而价格、交货及付款的数量、方式、地点和其他条件是在即期由买卖双方在合同中规定的，商品及证券均可在期货市场上交易。虽然合同已经签订，但双方买卖的商品可能正在运输途中，也可能正在生产中，甚至可能还没有投入生产过程，卖者手中可能有商品或证券，也可能没有商品或证券。

外汇交易市场的交易标的是外汇。外汇市场是指在国际间从事外汇买卖，调剂外汇供求的交易场所。它的职能是经营货币商品，即不同国家的货币。外汇市场一天的交易时间，随着地球的运转，先从悉尼开始，然后到东京、中国香港，接着是法兰克福、伦敦，至纽约为一天的结束。外汇市场跟其他金融市场不同，交易者可以随时随地对世界经济、社会民生、自然天气及政治转变所带来的影响作出反映，是一个全天候24小时都可以进行交易的市场。

黄金交易市场，是集中进行黄金买卖的交易场所。黄金交易与证券交易一样，都有一个固定的交易场所，世界各地的黄金交易市场就是由存在于各地的黄金交易所构成。黄金交易所一般都是在各个国际金融中心，是国际金融市场的重要组成部分。黄金市场上的黄金交易具有两种性质：一是黄金作为商品而买卖，即国际贸易性质；二是黄金作为世界货币而买卖，用于国际支付结算，即国际金融性质。

数字货币交易市场的交易标的是数字货币。数字货币是电子货币形式的替代货币。数字金币和密码货币都属于数字货币。数字货币是一种不受管制的、数字化的货币，通常由开发者发行和管理，被特定虚拟社区的成员所接受和使用。欧洲银行业管理局将虚拟货币定义为：价值的数字化表示，不由央行或当局发行，也不与法币挂钩，但由于被公众所接受，所以可作为支付手段，也可以电子形式转移、存储或交易。

交易市场还可以按照地域划分为国内交易市场和国际交易市场。我国的国内交易市场包括上海证券交易所、深圳证券交易所、郑州期货交易所、大连期货交易所、上海期货交易所。国际交易市场有很多，其中最有影响力的交易市场就是香港证券交易所、纽约股票交易所、美国证券交易所、纳斯达克证券交易所。

（3）交易市场的时间设置

不同交易市场对交易开放的时间都有相关的规定，交易行为必须在规定的交易时间内完成。在时间规定上，一是规定交易开放的具体日期和交易日具体的时间段；二是根据时令节庆等临时规定交易是否开放（不开放交易就是休市）以及开放的时间；三是规定买入标的后可以卖出标的的时间，即 T+0 或 T+1 交易机制。

 2　交易市场机制类型

（1）T+0或T+1交易机制

据交易标的的买入卖出时间性规定，有T+0和T+1交易机制。T+0交易制度，是指"交易者当天卖出标的获得的资金在当天就可以买入标的，当天买入的标的在当天就可以卖出"的一种证券交易机制。中国股市实行"T+1"交易制度，当日买进的标的，要到下一个交易日才能卖出。T+1本质上是证券交易交收方式，使用的对象有A股、基金、债券、回购交易，指达成交易后，相应的证券交割与资金交收在成交日的下一个营业日（T+1日）完成。

（2）单向交易机制和双向交易机制

根据获利的方式规定划分为单向交易机制和双向交易机制。单向交易即单边交易，意思就是只能买涨赚钱（做多）或者只能买跌赚钱（做空），中国A股市场普通交易者就是单边交易也就是单向交易，即只能买涨赚钱（做多赚钱）。双向交易机制，交易者既可以买入标的作为交易的开端（称为买入建仓），也可以卖出交易标的作为交易的开端（称为卖出建仓），也就是通常所说的"买空卖空"。中国A股市场的融资融券、期货市场和国际市场的股票、期货、外汇黄金、数字币都是可以买空卖空交易的。

（3）涨跌幅限制机制

根据涨幅的限制性规定划分为有涨跌幅限制机制和无涨跌幅限制机制。涨跌幅限制是指交易所为了抑制过度投机行为，防止市场出现过分的暴涨暴跌，而在每天的交易中规定当日的交易标的价格

在前一个交易日收盘价的基础上上下波动的幅度，标的价格上升到该限制幅度的最高限价为涨停板，而下跌至该限制幅度的最低限度为跌停板。涨跌幅限制是稳定市场的一种措施。国际交易市场还有市场熔断措施与暂停交易、限速交易、特别报价制度、申报价与成交价挡位限制、专家或市场中介人调节、调整交易保证金比率等措施。中国期货市场常用的是涨跌幅限制、暂停交易和调整交易保证金比率三种措施，是为有涨跌幅限制机制，反之则为无涨跌幅限制机制。

（4）竞价交易机制和撮合交易机制

根据成交方式，交易市场可分为竞价交易机制和撮合交易机制，根据交易价格的决定特点划分，有指令驱动和报价驱动。指令驱动是一种竞价市场，也称为"订单驱动市场"。在竞价市场中，标的物交易价格是由市场上的买方订单和卖方订单共同驱动的。如果采用经纪商制度，交易者在竞价市场中将自己的买卖指令报给自己的经纪商，然后经纪商持买卖订单进入市场，市场交易中心以买卖双向价格为基准进行撮合。

报价驱动是一种连续交易者市场，或称"做市商市场"。在这一市场中，标的物交易的买价和卖价都由做市商给出，做市商将根据市场的买卖力量和自身情况进行标的物的双向报价。交易者之间并不直接成交，而是从做市商手中买进标的物或向做市商卖出标的物。做市商在其所报的价位上接受交易者的买卖要求，以其自有资金或标的物与交易者交易。做市商的收入来源是买卖标的物的差价。

这两种交易机制也有着不同的特点。指令驱动的特点有：第一，标的物交易价格由买方和卖方的力量直接决定；第二，交易者买卖标的物的对手是其他交易者。报价驱动的特点有：第一，标的成交价格的形成由做市商决定；第二，交易者买卖标的都以做市商为对手，与其他交易者不发生直接关系。

(5) 杠杆交易机制

根据资金配置类型分为杠杆交易机制和无杠杆交易机制。杠杆交易又称虚盘交易、按金交易或保证金交易。就是交易者用自有资金作为担保，从银行或经纪商处提供的融资放大来进行交易，也就是放大交易者的交易资金。融资的比例大小，一般由银行或者经纪商决定，融资的比例越大，客户需要付出的资金就越少。国际上的融资倍数或者叫杠杆比例为20倍到400倍之间，外汇市场的标准合约为每手10万元，如果经纪商提供的杠杆比例为20倍，则买卖一手需要5000元（如果买卖的货币与账户保证金币种不同，则需要折算）的保证金；如果杠杆比例为100倍，则买卖一手需要1000元保证金。银行或经纪商之所以敢提供较大的融资比例，是因为外汇市场每天的平均波幅很小，仅在1%左右，并且外汇市场是连续交易，加上完善的技术手段，银行或经纪商完全可以用交易者较少的保证金来抵挡市场波动的风险，而无须他们自己承担风险。外汇保证金属于现货交易，又具有期货交易的一些特点，比如买卖合约和提供融资等，但它的仓位可以长期持有，直到自己主动或被强制平仓。

3 价格图表的构成要素：价格空间 时间 周期

市场状态是抽象的，但可以通过一定的方式让交易者直观认识到，表达市场状态的最佳方式就是价格图表。交易者必须借助价格图表才能认识、了解和研究市场交易行情的历史与现状。现代计算机网络技术和交易市场科学研究的飞速发展，使价格图表所包含的信息更加丰富，面对庞杂的数据信息，交易者一般只关注价格图表中的三个要素：价格空间、时间和周期。

在图1中，纵坐标代表的是价格。任何一个交易标的都有一定的价格范围，价格都在一定的范围内上下波动，波动所及的范围构成了标的的价格空间。横坐标代表的是时间，坐标系内的曲线（或直线）是标的在每一个交易时间点的价格形成的连线。价格的上涨和下跌的重复在交易者看来就是价格起伏具有周期性的表现。

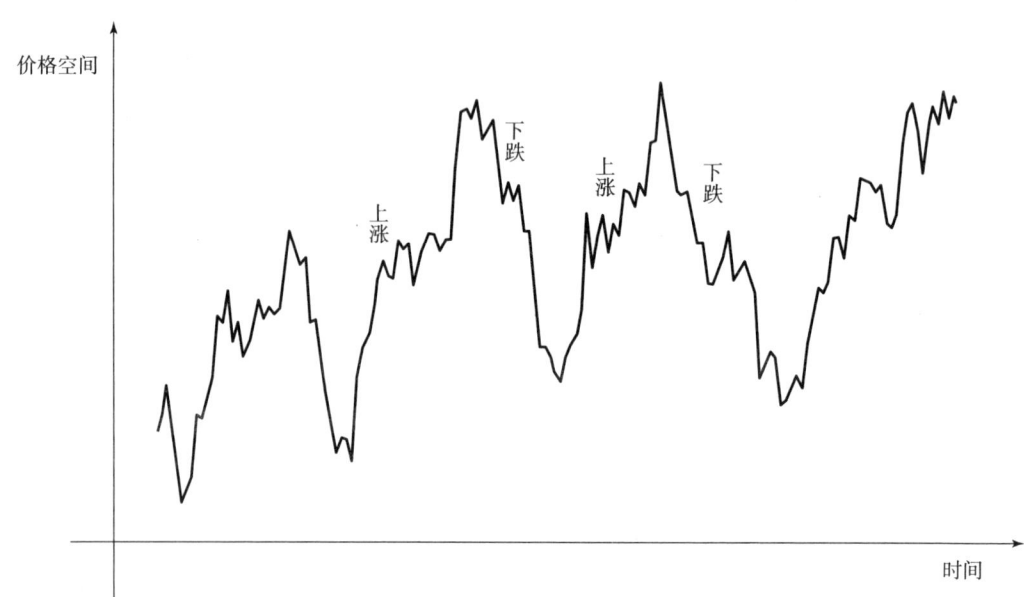

图1 价格图表的构成要素

交易者就是通过价格图表中价格空间和时间的周期性表现，找到交易标的价格变化发展的趋势和规律，从而制定适当的交易计划：在适当的交易时间，采取适当的交易行为，完成适当的交易，实现投资的目标。

（1）价格空间

现代信息化技术把价格在时间流逝过程中的变化过程记录在一个二维空间的图表内，反映交易市场状态的价格图表就是价格和时间共同构成的空间，价格在二维空间图表中表现为上、下和横向的移动。

价格图表中，不同标的的价格曲线是不同的，同一标的的价格曲线也如同蝇飞轨迹一般难以把握规律。很多交易者试图通过对价格动态历史表现进行分析预测价格在未来某一段时间内的空间表现，由此产生了价格空间动态表现研究的交易技术学派。交易技术学派利用价格图表所涵盖的一切市场行为信息，在市场价格移动具有趋势性、历史会重演等假设基础上进行分析，预测交易市场价格在未来时间上的空间变化。这种基于价格图表研究分析的技术学派形成了道氏理论、波浪理论、江恩理论等，以及其他一些名不见经传的技术理论。这些理论大多是依据市场交易价格在空间上的表现特征和条件推导出来价格的空间表现，画出一条或几条价格趋势线，从而指导交易者进行交易。

不同的交易者和不同的理论家，在变动不居的交易市场环境下，面对同一价格图表，肯定会产生不同的主观认识，可谓是仁者见仁、智者见智。由空间价格动态分析延伸出来的技术理论十分抽象，在面对市场时就有可能造成理论失灵。市场就像一个迷宫，理论就如同迷宫中骑着瞎马的盲人手中的导航手册，要想走出市场的迷宫实现投资利润是十分困难的。交易市场中的成功具有不可复制性，交易市场的最大挑战就在于理论会时常失灵，交易市场最引人入胜之处就是它造就了一个又一个成功者（它也造就了无数的失败

者——交易者或市场外的观望者却仅仅看到成功的喜剧而故意忽视了失败的悲剧）。

（2）时间

时间是交易市场中的一个重要因素。

讨论市场交易离不开对时间的讨论，因为时间是市场交易所要关注的最为基本的因素，也是最容易被大多数交易者忽视的因素。交易市场本身就是一个时间的产物，无论是市场行情的产生，还是行情趋势的变化都与时间因素直接相关。无论交易者采取什么样的交易行为，其交易行为还是必须以时间作为交易的基本尺度。时间产生趋势，时间产生机会，时间为交易者获得了盈利，时间也给交易者造成了亏损……时间决定投资或投机交易的成败。

市场交易中大多数理论是建立在对价格趋势分析的基础上的，在价格图表二维空间中，价格虽然是我们分析市场的重要因素，但脱离时间来看价格是不全面的，也是不客观的，毕竟价格图表是由时间和价格构成的二维空间。在价格图表中的价格曲线离不开时间变化，任何价格都是特定时点上的价格，所有时点上的价格相连才构成了价格曲线。任何的拐点、转折点、高点、低点、波峰、波谷等都是特定时间点上价格的具体表现，而周期和趋势无不是价格在时间段上的表现。

时间是人类意识创造出来的，而空间是自然存在的。人脑通过无数的时间片段上记忆的空间瞬间信息来感知宇宙，并通过大脑的逻辑处理来整理筛选出宇宙中存在的变化规律，即对大量时间片段上记忆的空间瞬间信息进行处理，获取其周而复始的规律。时间片段就是人脑记忆细胞的一个区间。

时间是一个较为抽象的概念，但在交易市场中时间却是具体的和实实在在的，它用来记录市场价格行为运动、变化的即时性、持续性、顺序性。时间是人类用以描述市场价格运动过程或交易行为发生过程的一个极其重要的、不可或缺的参数，交易市场的交易价格周期变化的过程确定了交易市场的时间。在价格图表中时间是记录价格变化过程的一个虚拟的参照坐标罢了，离开了交易市场分析价格图表中的时间就没有任何的实际意义。交易时间的规定离不开特定的国家社会文化制度，但市场发展图示中时间单位的设置完全依赖于交易者和交易市场研究者的兴趣，所谓的K线完全是建立在对时间单位的界定基础之上的，而这些界定或时间分段方式的意义与交易市场外的意义完全不同，价格图表中的时间完全是服务于市场交易的，或服务于市场交易研究的，离开了市场交易，类似的时间分段方式也就有了另外的意义。

交易标的价格杂乱无章的运动与变化并不能让人失去时间感，因为计时已经规范化了，我们生活在时间流中，无论我们置身于这颗星球的何处，我们都生活在同一时间流里，但我们对时间的感觉会有所不同：标的在时间流中价格不断飞升，交易者会因盈利的喜悦而感觉时间飞驰而过；当标的价格一路下跌，交易者可能会因亏损的痛苦而感觉时间放慢或停滞了下来。

在交易市场，时间可以产生价值，也可以销蚀价值；时间所创造的价值并不总是相同的，时间销蚀的价值也是不相同的。时间创造或销蚀的价值并非时间本身主体性作用，而是市场交易者交易行为的结果。时间所体现的价值不在于时间本身，而在于我们对特定时间上交易行为的取舍。一个人的生命是有限的，而时间是无限的，生命一去不复返，人生如同棋局，人生和棋局都是有规则的；人生又不同于棋局，棋局可以重来，而人生不可重来。市场行情也如同人生，一波行情过后，或者你抓住了机会，或者你永远就错过了……不要期待已经过去了的行情会重新演绎一遍。这就是时间的无常，造成了行情虚空的玄妙所在。

二维空间的价格图表将发生在四维空间（空间的三个坐标和时间的一个坐标）中的交易行为记录和展示出来，在这个二维空间里，价格是变动不居的，因为四维现实空间交易行为不断变化导致了二维空间价格图表中的价格变化的存在，二维空间中的每一个点

都可以表示特定时间上的一个特定的价格,但是价格点的出现并不是遍布这个二维空间的,因为四维空间的交易市场在特定的时间只会产生一个交易价格,因而记录在价格图表中的价格在某一时点就是一个点,而一段时间内的价格变化是各个时间点的连线,在二维空间价格变化以线性变化的方式展现给世界而不是以平面的形式呈现出来(K线图是人为的创造,则另当别论)。

时间在交易中的作用和影响

时间对行情的发展方向确实不具有指示性,同样(某一时点上的)单一的价格对行情的发展方向也不具有指示性,只有将二者结合起来才能认识市场行情发展的方向,这是认识市场交易行为的基本前提。很多交易者总是希望能够通过单一的时间或价格指标来确定行情的发展方向,所以他们不断陷入思维的误区,事实上他们一直在寻找一个不存在的东西。

时间是检验交易理论、趋势预判正确性和市场发展方向的唯一标准。只有在经过了足够长的时间之后,才会出现重大的价格变动。一旦时间到了,价格向上或者向下的空间运动与大宗交易量就会开始。在任何一月、一周、一日的价格重要变动结束时,都必然存在积累和派发的时间,或是有完成买入或卖出的时间。永远不要再考虑从底部到顶部的阻力位、市场状态和单个标的价格周期之前,就判定大势已经形成。在判定行情发生逆转之前,一定要考虑主要时限是否已经耗尽,一定要考虑从顶部向下与从底部向上时间上的各种迹象。

确定时间框架和转换时间框架

时间是交易者判断交易的基本单位和基本尺度,建立交易系统首先是确定和建立投资交易者自己的时间框架,然后再建立价格空间框架。在时间和价格空间之间,时间又是优先的。时间框架用来控制交易,空间框架用来控制风险,其他一切功能都是这个基础的衍生品。

交易时间框架就是交易者在实施交易行为过程中判断价格在特定时长内变化过程的依据，也是交易者实施交易行为的依据——一日时长称为日K线，一周时长称为周K线，一月时长称为月K线，以此类推。交易时间框架的选择非常重要，时间框架越长，市场运行的时间越久，走得就会越远，交易者获得的盈利或者面临的亏损就可能越大。

交易者在交易中设立一个时间框架，就好比设立了一个交易行为控制开关，控制交易者在看似趋势突变或大幅涨跌等极端情况下非理性地随意进场和出场，有了时间框架，就能控制交易行为不受交易市场波动的过分干扰，保持交易者的定力。

足够长的时间才能反映市场交易的结构框架，短时间无法体现交易周期性结构变化。只有将交易置于一个更长的时间框架内，或者通过更长的时间框架来规范交易行为，才能完整地将投资行为（进场与离场）与交易的周期结合在一起，才能找到投资行为与价格变化趋势的结合点。

交易系统的时间框架也就是主交易框架，它是用来控制交易的。交易系统的空间框架是时间框架的辅助，主要用来控制风险，把不可预见的风险给控制住。也就是在价格变动上面所能够承受的亏损不能突破这个价格区间。但实际交易过程中并非一定要用空间框架来控制每一单交易的亏损，每一单的止损主要是通过时间框架来控制的，盈利也是通过时间框架来实现的。这样做的好处就是当交易一旦处在盈利的状况时，通过时间框架可以不断地把盈利变现。假如价格空间没有上限、没有止赢这个天花板，盈利空间理论上是无限的，只要随着时间的推移，这个趋势处在正确的判断之中，方向性一致，就不断地盈利，盈利也就没有天花板。这样就有可能使利润最大化，因为时间是无限制的，可以一直进行下去，一个时间周期结束了，接下来一个新的时间周期又开始了。但空间框架是有边际的，它人为地给自己筑了个顶或底，所以使用空间框架做交易的

人往往会有一个目标价位,他老是指望着价格要到目标价位。等到了目标价位以后,按道理来说,他就可以平仓了,因为达到了预期的目标。但很多人因为缺乏价格空间框架的定力,面临向好的趋势时会临时改变主意,在貌似急速上涨趋势下(但上涨趋势已进入趋势末端)持有标的等待观察,结果上涨趋势迅速转变为下跌趋势,而交易者依然坚信只是临时的调整,最终导致进入节节下滑、万劫不复的下跌趋势,盈利在下跌过程中也一步步回吐出来。而时间框架控制就可以比较好地解决这个问题。在盈利的情况下,它靠时间框架来控制交易。上涨趋势未进入末端,继续持有盈利,但是在特定时间框架内,一个完整的时间周期耗尽,一旦发生了逆转,会毫不犹豫地启动止损机制,在同一个时间框架内完成交易后,再重启新的时间框架交易。

类似的,交易者在设定好时间框架之后,也可能会出现交易亏损的情况,此时就出现误判,认为时间框架出现了问题,于是选择转换时间框架,也就是本来做的是日线图,亏损之后去看更大级别的周线图。转换时间框架事实上是胆怯的心理使然,它帮助胆小的交易者暂时逃避他们的不幸处境。通过从一个时间框架转换到另一个时间框架,交易者推迟了成为失败者的最终感觉,用一个脆弱的计划来掩饰他们的失败,通过培养错误希望自我麻痹,进入一个致命的否认状态。这类交易者事实上不适合交易,市场不会容忍他们伪装太久,最终转换时间框架的错误会侵蚀交易者的决心,剥夺他们思考和自由行动的能力,把他们永远贬为悲惨的失败者。

还有一个问题就是,交易时间框架确定之后,交易者的交易行为应该自始至终都在这一个时间框架内完成,就是你在日线图上买入,那么务必在同样的日线时间框架退出。很多交易者没有坚持一个统一的时间框架,交易行为在长短不一的时间框架间来回转换。

时间决定了交易机会

时间产生机会,所谓机会是指具有时间性的良好的客观条件,也就是时机。时机一定是时间的产物，而市场运行的时间却并不一定都是交易的时机。市场交易是一种典型的投机行为，投机就是利用时机牟利。所以并不是所有的市场运行时间都具有可投机性，专业的投机者在大部分时间里通过观察市场行情，一旦看到有机会出现，就会果断进场交易。

交易机会其实是价格重复运动过程中出现的可盈利的时间窗口，当时间窗口打开时，采取交易行动；当机会窗口关闭时，就停止交易行为。如果错过机会窗口，那么就只能利用空间时间重复所产生的周期特性，来等待行情进入下一个周期的机会窗口。

机会一定是有时间性的。也就是说，任何交易必须要事先设定一个时间尺度，用这个尺度来衡量机会。就是说不能无休止地处在交易的状态。交易者可以长时间地观察行情，但是一旦进入交易状态，必须只在一段确定的时间里做交易，万万不能把这个交易时间无限放大。

（3）周期

周期理论概说

在交易市场，周期具有多个方面的含义，其一是交易价格在运动、变化过程中，价格随着时间的流逝而上下交替浮动，从而形成某种趋势（上涨、横盘或下跌），这一趋势从出现到结束所经历的一个完整的过程叫周期，因而就有了"一个上涨周期""一个横盘周期"或"一个下跌周期"的说法。在这样的每一种周期内，相同的模式不断重复出现，如在上涨周期内，价格上涨的模式日复一日重复出现，在下跌周期内，价格下跌的模式也日复一日重现。另一方面的含义是为了分析价格变化的趋势而采用的时间单位，如以一日为周期、一月为周期、一周为周期等。周期还意味着交易者从进场到离场的一个完整的过程，这一过程也可以称为一个交易周期。

交易价格变化周期对交易者来说关系最为重要，因此以下主要讨论交易价格变化的周期。物极必反，否极泰来，自然界万事万物发展到一种极端状态必然向相反的方向发展，交易市场也具有相同的规律性。交易市场的价格是不断变化的，上涨周期发展到一定程度必然迎来下跌周期，任何交易者在交易的每时每刻都渴望掌握市场行情时在周期中所处确切的位置，以便确定有利的投资方案，只要认识到所处周期的位置就能立于不败之地。

关于交易市场价格周期已经形成了很多理论，很多研究者将交易价格发展过程切割成相同的时段（如5分钟、10分钟、15分钟、30分钟、1小时……甚至长达一年），然后通过特定软件绘制出各类交易价格图表来反映各时段内价格的变化过程，这就是所谓的1分钟图表、5分钟图表、15分钟图表、30分钟图表、1小时图表、4小时图表、日线图表、周线图表、月线图表等，这类周期属于时间图表周期研究，是研究价格变化发展最基本的形式。

很多交易者根据周期研究形成的理论进行交易，但是大多数交易者说起交易周期理论侃侃而谈，但是在判断市场价格所处周期的位置时却时常失手，从而造成交易行为的失误。通过周期理论确定交易时间框架及市场价格周期的位置，就好比看清楚了市场发展的趋势，掌握了趋势再进行交易才能采取正确的交易行为，进场还是观望也就了然于胸了，也就保证交易行为的正确性。只有通过未来市场发展的结果才能检验判断的正确性，这就好比十年前所谓不同专家对中国的房地产行情发展趋势的判断，在当时，很多专家学者都不知道房地产价格处于一个什么样的周期阶段位置。而且很多专家学者高呼，房地产已经到了高位，马上要进入下跌趋势了。结果十年后的今天回过头来看，才发现当时房地产也只是处于一个上涨周期的初期阶段。所以说，看似建立在各种事实证据、理论证明材料和逻辑推理基础上的"正确的判断"完全是荒谬不堪的。

交易在周期上所处位置发生变化，交易的赢面就会发生变化。交易如果不能相应地改变投资占位，面对周期时就会陷入消极被动的局面。换句话说，交易者就会陷入主动调整，改变胜率的误区。

但是交易者如果掌握了周期理论并且善于判断交易发展在周期中的位置，就可以顺应周期的趋势把交易做得更好：当赢面有利时，就增加投资，投入更多资金买入标的，提高组合的进攻性；相反，当赢面不利的时候，交易者可以退出市场，把资金抽离，增强组合的防守性。

众所周知，市场交易价格起伏波动，发展趋势波谲云诡，交易周期位置判断错综复杂，大部分投资人往往只具有市场周期的首层浅思维。这本书将带领读者进入市场周期的二层深度思维，通过分析交易历史发展过程，探索市场交易发展价格变化的周期性规律，形成客观的交易系统周期规律研究理论，据此判断交易时市场价格所处的周期位置，准确预判价格未来的变化趋势，帮助交易者穿越投资的迷雾，掌握市场投资的投资布局指南。

交易者一向自我标榜或内心自认为理性的经济人，每一位交易者都充满了十足的必胜信心，总是认为自己对趋势或周期的判断是无误的、交易行动决策是正确的、交易行为是理性的。如果排除大资金持有者人为的操弄、外部环境突现的不可控制强大力量的冲击，交易市场能够运行发展完全是建立在不同交易者判断和决策正误参半的基础上的。决策对经济周期、企业周期、市场周期产生了巨大影响，由于交易者的非理性在交易市场中常常处于主导地位，因而交易者做的决策大多数并不是科学的。尽管交易者具有相当强的理性，但人本质上是非理性的，因而交易者也十分容易走极端，且永无休歇，因此，交易者要借助一套客观、标准化的交易系统、判断周期运行的规律，修正主观情绪导致的极端交易行为。交易者需要警惕"这次例外"的想法，只有这样才能真正理解周期，才能找到获得高回报率的良机。

采用交易时间周期来控制交易，可以将投机的交易风险控制在一个更小的范围之内，因而更加符合交易以小博大的投机理念。

交易系统的周期理论

国际交易市场已经产生了很多不同类型的周期理论，目前影响较大的交易理论主要有四种，分别是：叠加原理、谐波原理、同步原理、比例原理，这些理论都可以在具体交易中与交易系统有机地结合在一起。

叠加原理认为所有的价格变化均为一切有效周期简单相加的结果。根据叠加理论，假定所有的价格变化都只是不同周期之和，更进一步地，假定交易者能够从价格变化中分解出每个周期成分，那么，只要把每个周期都简单地向后推延，然后再合成在一起，结果就应当是未来的价格趋势。

谐波理论是一种交易形态理论，传统的交易形态理论有旗形理论、三角形理论、双底双顶理论、头肩顶头肩底理论、楔形理论和菱形理论等。这些理论主要是通过对价格图表上价格趋势所形成的形态的分析来判断入场或出场的时机，实际上也是通过判断寻找交易所在周期的最佳位置。谐波交易也是一种预期形态学，与传统的行情形态学有所不同，交易者不需要在价格上涨或下跌既成事实之后再寻找入场的机会，而是恰恰相反，谐波形态通过对大量成功交易案例进行总结，发现行情启动之前价格运行的周期性规律，分析成功者入场的时点（交易周期的位置），从而构建一种高度重复再现的模式。在具体交易中，这种模式与交易系统结合在一起更具有可操作性：当价格通过特定的行为走出了相应的模式，交易者只需要根据交易系统设定的框架、按照事先计划好的交易计划去交易即可，入场点明确，止损点合理，止盈点理想，并且不需要时刻的盯盘，真正做到让交易系统发挥客观性、标准化、模式化作用，而不是让交易者成为市场的奴隶。

同步原理认为交易价格变化过程往往具有一种强烈的倾向性，即不同长度的时间周期常常在同一时刻达到谷底。让我们来看看图2。图2中B波为A波的一半，A波中包含两个B波周期，表现出A、B两波的谐波关系。当A波到底时，B波也每每处于波谷，显示了两波的同步关系。在同步关系中，震荡变化较快的标的往往会经过几次上下震荡再次与震荡较不活跃的标的在同一时刻到达谷值。如果要探索不同波的同步关系，首先要确立一个较长周期与短周期震荡次数的比例关系（即波动的频率关系），只有明确把握了频率关系才能根据同步原理发现不同市场，但长度相近的周期进退的规律，才能把握谷值到来的确切时刻。

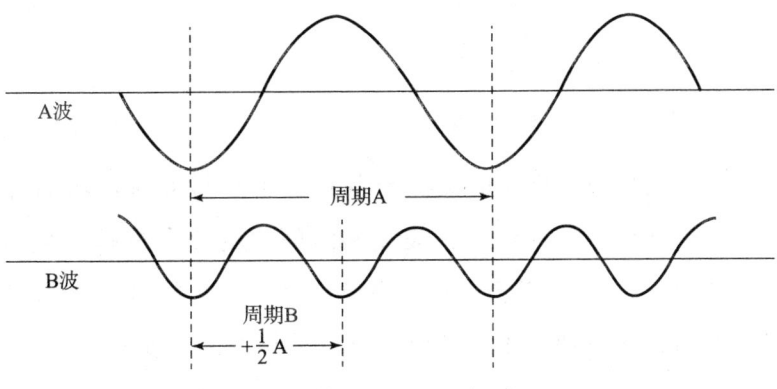

图2　谐波原理和同步原理

在比例原理中，周期指的是峰值或谷值再现的时间长短，波幅是价格震荡的范围，或者是以谷值与峰值为基点的水平线之间的宽幅。周期长度与波幅之间具备一定的比例关系。周期越长，那么价格波动的空间范围就越大，其波幅也应当成比例地放大。掌握比例原理，确定一个谷值后介入到市场交易，在经过一个较长时段后，必然会出现峰值，时间越长，峰值就越高，盈利就越多。

周期理论在交易中如何运用，首先要知道周期理论的基本原理，然后在市场上找到一个确定周期理论的参照物，市场在动态运行的当下，是不好确定是处在周期的哪个阶段位置上的，这个时候你要做的事就是，确定一个你能够懂得和理解的参照物，利用参照物来进行对比，如果参照条件没有出现，那就等待它的出现，从而帮助你确定其所在的阶段位置。例如，价格图表中的高低点就是一个参照物，当市场的高点出现后，你就可以确定接下来的行情要进入下跌周期了，刚刚开始下跌，那就是下跌初期了。这个时候你就可以规划设计你的交易执行方案了。当然，高低点有的时候也不是那么准确的，高点之后可能还有高点，低点之后可能还有低点，这时交易者就得多找一些条件来验证高低点的准确性。

4 市场状态

（1）市场交易状态

依托互联网搭建的交易平台有利于参与交易市场的各方更直观地了解交易标的在任何一段交易时间内的交易过程。交易平台通过不同的交易软件将交易价格、交易时间、交易量等盘面信息直接以图表的形式呈现出来，这就是交易价格图表（如图3），交易价格图表是以时间为横坐标、以价格为纵坐标的坐标系。在坐标系内，交易时间是自变量，成交价格是因变量。特定的时点价格就是一个特定的点，将一定时期内不同时点的价格散点按照时间先后顺序连接形成一条曲线（并不排除在某一时期内呈现为直线）就是价格曲线（价格曲线在图表上的表现有折线图、柱状图和K线图）。交易价格图表呈现出来的价格变化曲线就是市场交易状态。

市场价格状态千变万化。价格曲线起起伏伏，使市场交易状态呈现出不同的形态。一般而言，不同标的的市场价格状态是不同的，同一标的不同时间框架下的价格状态也是不同的。交易价格曲线状态是千变万化的，市场状态看上去是起伏不定的、无序的，但也存在规律性，这种规律性就是市场状态的有序性。市场状态是有序性和无序性的综合，有序性通过无序性表现出来。交易者只有认识了市场变化的有序性，把握市场的规律，才有可能获得相对的确定性，从而确保采取理性的、合乎变化规律的交易行为，达到投资交易的预期目标。

有序性即交易市场的规律性，也就是交易价格变化的规律性。市场状态呈现出来的却是一种价格无序起伏的状态，即价格变化呈现出无序性，通过对复杂无序的价格起伏波动的表面现象进行研

第二部分
了解市场

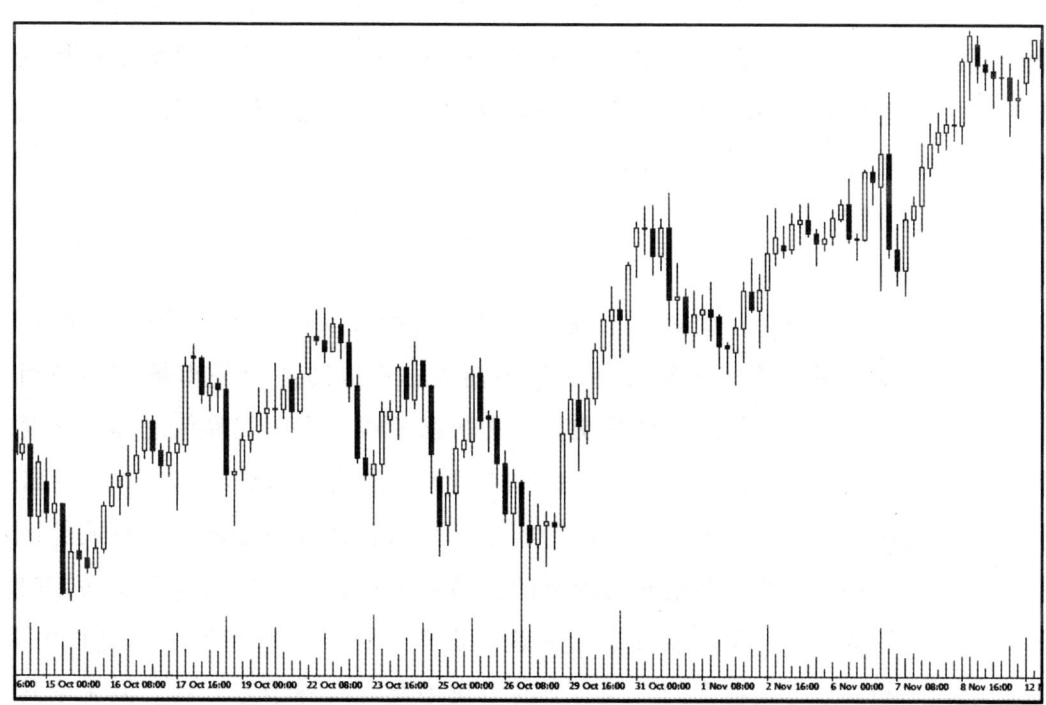

图3　市场状态图

究，可以看到隐藏在交易市场深处有序的状态。交易者在市场中面对的是无序的价格变动现象，标的价格变动的结果是无法确认的，交易者的行为结果也具有很强的不确定性。成功的交易者都是通过掌握的知识、信息和技术，对市场状态无序现象进行研究，探索市场状态的有序性，把握市场价格变化的规律，从而提高交易获胜的概率，将结果不确定性的交易行为演化为结果具有确定性的交易行为。

市场状态分为趋势型市场状态和震荡型市场状态。趋势型市场状态的价格曲线波动起伏有序，在成熟和稳定的交易市场，趋势型市场状态的价格运行规律通过专业性的训练是可以把握的。震荡型市场状态直观表现为价格在短期之内在极值之间剧烈波动，相同时间框架内震荡型市场状态比趋势型市场状态峰值和谷值出现的频次高，由于形成震荡型市场状态的原因多样复杂，震荡型市场状态下价格变动的规律尤为难以把握。面对震荡型市场状态，即使拥有长期专业训练和长期的实践操作经验的交易者也感到理论失灵和经验失灵。基于此,本书主要围绕规律性较强的、有序的趋势型市场状态展开讨论,而不涉及规律性极难把握的(甚至是无规律的)、混乱无序的震荡型市场状态研究。

(2) 趋势

趋势是一个抽象的概念,是指事物发展的方向、阶段及状态。交易者要顺应交易市场的趋势而为,不应违逆交易市场的趋势而动。市场价格的趋势是交易历史价格曲线、当下交易状况和价格变动的方向。既往的交易形成的价格走势曲线(市场状态)在交易者眼里是价格自动运行形成的轨迹,交易者把价格走势曲线看成价格变动的趋势,并把它与当下的交易状况一起当成判断价格变动方向的依据。对于所有交易者来说,在交易市场运行和发展的过程中,趋势是客观存在的,尽管交易市场中交易品种千差万别,但无论其运行特性如何,所有交易产品的价格发展都有一定的趋势,价格的涨跌或者是横向整理,都是不以交易者的意志为转移的客观存在,因而任何理性、成熟的交易行为都必须建立在对市场趋势的认识和把握的基础之上。

通常情况下,交易市场价格的发展变化不是直线形的,在表现市场状态的价格图表中,再平滑的曲线严格来说也是折线图,价格在曲曲折折中发展变化,而且价格的涨涨跌跌总是在有限的空间范围内,在达到峰值或谷值的瞬间会再度向反方向运行,直到达到另一个极值再次回转方向,交易市场的入门者通过价格图表也能轻而易举看到市场运行的这一趋势。市场趋势蕴藏于价格在波峰和波谷的上升、横向伸展和下降的过程中,一般的交易者往往通过对价格的涨跌、升降或起伏来判断市场发展的趋势,但事实上,市场趋势是由价格变化过程中波峰和波谷依次上升或下降的方向所构成的,换言之,依次上升、下降或横向伸展的峰或谷就构成了市场趋势。所以交易者把一系列依次上升的峰和谷界定为上升趋势,把一系列依次下降的峰和谷界定为下降趋势，把一系列依次横向伸展的峰和谷界定为横向延伸趋势。趋势判断实际上就是比较分析波峰波谷的变化过程。

趋势的类型

按照发展的方向，市场趋势可分为上升趋势、横向趋势和下降趋势。上升趋势的本质是市场不断向上拓展能力的提升，上升的价格导致市场呈现出进一步上升的趋势；下降趋势的本质是市场不断向下拓展能力的上升，下降的价格导致市场呈现出进一步下跌的趋势；横向趋势的本质是市场拓展活力不足导致市场呈现出横向发展的趋势。整个交易市场往往涵盖三种趋势，每一标的在不同交易时间框架下也会呈现出三种不同的趋势。

按照发展持续的时间长短，市场趋势可分为长期趋势和短期趋势。在外部环境比较稳定、实体经济发展向好的情况下，市场往往会保持在一种长期的上涨趋势中；在外部环境晦明不定、实体经济发展受阻情况下，市场往往会长期保持横向趋势；当外部环境出现恶化、实体经济出现衰退的情况下，市场会出现长期的下降趋势。

就事物本身发展阶段性特征而言，市场趋势可以划分为趋势初期、趋势中期、趋势末期三大阶段。趋势是动态发展和不断演变的，每一类型的趋势或趋势的每一阶段的演变过程都是由发生、发展、成熟和逆转构成。就趋势的阶段性而言，每个阶段都具备不同的特点，趋势的三大阶段具有不同的特征。交易过程中必须把握趋势的阶段性特征，在不同阶段采取不同的交易策略。以上升趋势为例，在上升趋势初期阶段，市场波动反复多、假信号多，很多交易者因判断失误而导致半途而废。因此，一旦发现处于上升趋势初期阶段，就一定要围绕价格水平执行买入和止损的计划。在上升趋势中期阶段，市场震荡，价格曲线波动起伏，但上涨潜在的方向已经较为确定，虽然在行情震荡中会出现一时亏损，交易者也可以不急于止损，不必过于计较一时的得失。换言之，上升趋势中期阶段重点关注的是市场趋势，而不是价格水平细节表现。上升趋势末期，特别是最后阶段，市场趋势即将反转，应该特别注意市场价格反转风险。因此，交易者不仅要关注交易趋势的发展方向、持续时间长短，还应关注趋势发展所处的阶段。只有对各种类型的趋势及趋势的发展阶段进行综合研判，把握市场变化的规律，才能提高交易行为结果的确定性。

趋势初期，交易重在打牢基础，"厚积"而准备"薄发"，市场方向虽然确定，但会出现多次反复，买入和止损都要知止而止，留有余地；趋势中期重在攻城略地、速战速决，反复越来越少、速度越来越快，越来越能够接连突破价格水平，价格水平的可靠度大大上升，后来市场在价格水平的反复构成了警告信号；趋势末期重在转势，一方面必须及时捕捉趋势逆转信号，及时应对，另一方面先前趋势具有持久性，从正常的调整信号中区分转势信号，绝不能轻易放弃或盲目冒进。

转折点是趋势方向转变的关键节点，它预示着趋势将向相反的方向发展，一般在趋势的末期阶段转折点渐渐露出端倪。转折点将不同类型的趋势（上涨、横向和下跌）或趋势的不同阶段（初期、中期和末期）连接在一起。一般而言，转折点之后新趋势初生的早期阶段不太可能形成大幅反向行情，在趋势演变的中期阶段，市场处于大幅整理阶段，趋势方向明显，方向变换的幅度一般也不大。通过趋势阶段性特征分析、认识趋势发展所处的阶段，有助于及时、准确发现转折点。转折点对交易行为至关重要，只有及时发现转折点，才有可能在新的趋势出现之前采取新的交易行为，从而未雨绸缪，跟上趋势变化的节奏。

一般而言，通过分析高低点的形态可以判断趋势的发展和变化，当上涨不断创出新高，下跌底部逐步抬升时，可以确认为上升趋势。当高低点均不断走低时表明是下跌趋势，不规则的高低点表明是区间震荡。前高点和前低点组成一个价格区间，这个区间可以作为判断趋势发展变化的基准；后高点和后低点则是相对于基准的新变化，如果新变化向上突破，则形成上升趋势，同时新高点和新低点又构成了下一阶段的趋势发展变化的基准，如果上升趋势有效，则应当持续向上拓展；如果新变化向下突破，则形成下降趋势，同时新低点和新高点又构成了下一阶段的趋势发展变化的基准，如果下降趋势有效，则应当持续向下拓展；如果未发生明显变化，就是横向趋势，趋势发展变化基准维持不变。

在技术分析中，识别趋势发展变化和区间振荡难度最大。趋势具有欺骗性，它会诱惑交易者做出错误的研判，毕竟在交易市场做出错误的研判无须费心劳神，而交易者殚精竭虑也未必能做出正确的研判。交易者往往根据价格图表进行研判趋势的发展与变化，或者根据某一特定的指标进行判断。价格图表直观反映了趋势的发展过程，这一过程不是判断的结果，而是价格历史记录，借助价格历史记录（市场状态）研判下一步的价格走势对交易者来说是一种智力、技术和心态的考验。研判价格未来发展的方向比根据历史材料分析历史发展规律要难得多，这与交易市场研究十分相似，专家可以根据交易市场积累的交易材料形成十分高明的市场交易理论，他也能根据市场状态和自己的理论指出市场下一步的发展方向，但是他的预言大多时候未必成真。趋势是走出来的，绝大多数交易者在意识到大趋势时，它已经走入了趋势的第三阶段。当趋势演化成区间振荡时，在价格图表右边的许多图形形态和指标信号看上去互相矛盾，除了需要根据概率来做出判断外，还需要结合趋势类型特征和趋势阶段性特征进行综合研判，这种综合研判将有助于提高交易成功率，从而提升和把握资本增值的确定性。

趋势研究的终极目的就是探索发现价格曲线下一步的发展方向，就是为了顺势交易，也可以称为趋势交易。顺势交易，顾名思义就是顺着当前的趋势进行买卖。如果当前处于上升趋势，交易者就需要找到一条良好的支撑线以建仓做多，如果当前是下降趋势，就找到一条良好的压力线以卖空。顺势交易的优点在于，一方面，最安全的交易方式就是跟随趋势开展交易；另一方面，趋势为交易者指明了市场变化的方向，是交易行为的指南。顺势交易理解并不困难，困难在于是否能够发现真正的趋势、交易是否真的顺应了市场发展的趋势。趋势是客观的，也可以为主观所认识和把握，但认识和把握趋势需要专业性的训练和长期实际操作的实践经验，一般的交易者往往被市场形态的假象所迷惑，往往只看到了现象，而没有认识和把握真正的趋势，涨跌的假象诱惑交易者追涨杀跌。

趋势交易的策略

趋势突破交易策略——顺着暴涨趋势以较高或较低的价格进行交易，就像是流行的海龟通道突破策略，是一种顺应趋势的成功策略。在进入市场做多前，突破策略不会在上升趋势时等待一个撤回或者撤退迹象。在进入市场做空前，突破策略也不会在下降趋势时等待一个较小的反弹或者回撤。交易者会在上升趋势时高价买进，在下降趋势时低价卖出。突破交易的优势在于交易者不会错过一次大的交易趋势，劣势在于突破趋势交易相对于趋势回调交易，需要大型止损空间。

趋势回调交易策略——趋势回调交易要求市场在上升趋势时暂停或者经历一个回调，在下降趋势时经历一个较小的反弹时进入市场。趋势回调交易的一个劣势是，过于强势的市场有时不能为交易者进入市场提供回调的机会。趋势回调交易有可能并且确实会错过一些大的趋势。然而，趋势回调的优势在于它确实允许交易者设置较小的初始止损空间。实际的趋势回调交易都是关于支撑位和阻力位的，即在市场处于上升趋势时等价格下降到支撑点时做多，在市场处于下降趋势时等价格下降后反弹到压力线时卖空。

趋势线最为重要的特征是其倾斜方向。当趋势线向上倾斜时，表明多方占主导，这时该寻找买入机会，当趋势线向下倾斜时，表明空方占主导，这时该寻找放空机会。可以通过检查五个方面的因素来评价任何一条趋势线的重要性，即：趋势线的时间周期、长度、价格触及趋势线的次数、角度和成交量。

在趋势交易中，用价格波动本身来研判趋势的方向。价格波动图有助于发现交易阶段的稳定价格，价格波动图中一个向上的趋势往往预示着更高的波动低谷的出现，当出现一个更低的低谷时，趋势由向上变为向下；一个向下的趋势预示着更低的波动峰尖的出现，当出现一个更高的峰尖时，趋势由向下变为向上。在以价格波动判断趋势时，可以参照不同时间框架下的价格标准，如日价格、周价格、月价格、季度价格和年价格。时间周期越长，趋势线越重要。周线图上的趋势线表明的趋势比日线图上的趋势线表明的趋势重要，日线图上的趋势线表明的趋势比小时线图上的趋势线表明的趋势重要，以此类推。趋势线越长越有效。短的趋势线反映的是群体的短期行为；长趋势线反映的是群体的长期行为。趋势线持续时间越长，惯性越大，周期越长，价格标准就越客观，它的工具性价值就越高。

在趋势型交易中，交易者交易路线图大致为：

①判断趋势的发展变化；

②研判趋势的强弱；

③取得买卖信号，确定出入市时机；

④决定资金的权重；

⑤了结交易，即根据行情演变，果断地执行止损、获利回吐的操作，了结交易。

判定趋势变动的准则包括：

①价格必须突破、穿越交易者绘制的趋势线。

②上升趋势不再创新高，或下降趋势不再创新低。

③在下降趋势中，价格向上穿越先前的短期反弹高点；或在上升趋势中，价格向下穿越先前的短期回调低点。

趋势交易是一种长期运用才能盈利的策略。趋势的形成、发展、稳定、再逆转是一个漫长的过程，掌握了趋势形成与发展的规律，按照趋势策略进行交易无须日日费心劳神。在上涨趋势形成后，交

易者无须关注短期内的亏损与盈余，因为虽然短期内有亏损的痛苦和成功的喜悦，但这些都是暂时的，是上涨趋势形成和发展过程中必然存在的现象，经过一段较长时间后，上涨趋势发展稳定，更大盈利的预期目标必然会变成现实。

第二部分 了解市场

5 了解交易市场的目的

（1）避免市场交易的盲目性

不同的交易市场有不同的交易标的、不同的交易机制和交易规则，交易者无论在哪一市场上做交易，首先得要了解交易市场的交易规则和机制。尽管市场交易不是博彩，但在规则与技术方面表现得十分相似：不懂游戏规则、技术不佳的赌徒进入赌场将赔个精光，不了解交易市场的规则和操作技术，交易者盲目冲动地闯进交易市场，投资也必将血本无归。

交易者将别人的成功归因于机会、社会形势、交易市场牛市行情，而将个人投资的成功归因于个人的聪明才智。面对其他投资失败者，总是认为他人没有市场交易的能力，而将自己的投资失利归因于生不逢时、运气不佳、行情不好，甚至产生遇人不淑的想法。

在了解了各类交易市场的共同规制和运行机制后，还要对选择进行交易的市场独有的规则和机制进行认真研究，市场交易过程中一定要坚持遵守市场交易原则和机制。虚拟交易市场与实体交易市场具有共同的原则，这些原则包括自愿、平等、公平、诚实信用等。

（2）认清资本市场的流动性

资本具有流动性，它总是流向能够获得更大增值的行业和领域，每个人在交易时都会考虑交易市场对资本流动的限制。交易市场是开放的，资本是进出自由的，但不同市场资本的流动性是不同的，资本在交易市场的活跃程度往往会影响交易者的投资交易意愿和行为。资本流动或市场的流动性与买卖价格或者在买卖价格之间的价差进出市场的难易有关,如果这个市场的流动性相当差,那么买卖价差可能会非常大,你可能仅仅为了进出市场就不得不付出非常大的代价。

(3) 辨别市场发展的程度

一般而言,最好避开新市场,无论它是刚刚引入交易所的新创期货合约还是股票。很多投资失误就发生在对这些新出现的期货合约或股票的投资上,因为判断这些产品在将来表现的信息披露极其有限,交易者交易时很难根据为数不多的信息做出正确的判断。而如果一个市场至少存在了一年,市场发展过程具有十分丰富的信息,这些信息足以支撑有经验的交易者发现市场发展的一些规律性的东西,预测市场未来发展的趋势就相对容易多了,判断的准确性无疑也会提高。

在判断市场的过程中往往需要关注的核心问题包括:基本投资市场构成要素是什么?它的交易规则有哪些?谁是做市商?他们的口碑如何?与这些幕后人交易时能期望什么?谁来规范这些做市商?如果你向这些交易所之一发出停价指令,可能会发生什么样的事情?(指令会从你的利益出发顺利地加以执行,还是仅仅给他们颁发了一个偷取你的利益的许可证?)唯有对以上问题有了真正的答案,交易者才具有理性投资人最基本的资格要求。

(4) 认清波幅的本质

波动是市场交易的动力,市场是在不断波动中发展和运行的,只有不断地波动才能促进交易者不断做出新的决策,采取新的行动。在一个特定的时间框架内,价格波动上下的空间范围,也就是价格上涨和下跌的宽度,即两极值之间的距离,这就是波幅,也称为振幅。一方面,不同标的有不同的运行规律,尽管波动的形态不同,但可能振幅会相同;另一方面,由于截取的时间段不同,同一标的波动的形态也会不同,但振幅也可能相同。波幅或振幅是建立在对交易标的阶段性峰谷极值分析基础上，根据截取的时间长度不同，就产生了时振幅、日振幅、周振幅等概念。振幅有一个基本的参照值，在交易市场，日振幅是指开盘后的当日最高价和最低价之间的差的绝对值与上一个交易日收盘价的百分比，它在一定程度上表现交易标的的活跃程度，日振幅的参照值就是上一交易日的收盘价。日内交易者需要在波动很大的市场上进行交易，因为他们一般在每日收盘之时就结清头寸，所以需要在每日波动幅度足够大的市场上进行交易才可能获得较大的利润。通常，只有某些高度流动的货币市场、股票指数、股票和债券市场对日交易者而言才称得上是好的市场，因为它们的振幅符合交易者投资的心理承受压力阈限。

（5）寻找交易市场

不同的交易市场拥有不同的交易规则，不同的交易者拥有不同的交易理念，交易者需要稳定的交易规则和交易市场贯彻执行自己的交易理念，但并不是所有的交易市场都能让交易者的理念贯彻到底，了解市场、认识市场的目的还在于交易者需要找到适合于贯彻自己理念的交易市场。因为，无论拥有多少资金，正确地选择交易市场有利于交易者能够按照自己的交易理念得心应手地操作，也有利于对交易资本极为稳妥地进行操作和控制。

第三部分
风险管理

大多数风险源于无知

第三部分 风险管理

 **1 交易风险概述**

(1) 交易风险的概念

资本具有逐利的本性，资本总是被投入能够实现资本增值的最佳领域，交易市场为交易者实现资本增值的梦想而诞生，它造就了无数成功的神话与故事。在成功榜样的感召下，交易者怀揣着成功的梦想、携带着各种规模的资本、抱着必胜的信心进入交易市场，希望通过市场交易实现资本增值的美梦。但是，资本市场具有诸多不确定性的因素，这些因素往往对资本增值的目的产生不确定的影响，这就导致资本进入市场后通过市场交易既有获利的可能性，也有亏损的可能性——市场交易是一项具有风险、充满挑战的投机行为，成功的欲望弥漫整个市场，交易市场风云激荡、波谲云诡，充满了刺激，更是充满了交易风险，稍有不慎，交易者就会在这无硝烟的商战之场坠入万劫不复之地。

交易风险是作为投资主体的市场交易者为实现其投资盈利目的而对交易行为未来可能造成的亏损或破产所承担的危险。交易风险是风险现象在投资领域的表现，交易市场的投资风险就是交易风险。具体来说，交易风险就是从做出交易决策开始到投资期结束这段时间内，由于不可控因素或随机因素的影响，交易市场上实际投资收益与预期收益的相偏离。实际投资收益与预期收益的偏离，既有前者高于后者的可能，也有后者高于前者的可能；或者说既有蒙受经济损失的可能，也有获得额外收益的可能。风险令交易者忧虑重重，他们并非担心市场交易能否如愿或出乎意料获得更高的收益，而是焦虑于市场交易会不会带来意料之外的大量亏损。

（2）交易风险特征

风险存在的客观性

风险存在的客观性意味着风险是无处不在、无时不在的，而且风险有自己的运行发展规律。风险是不以人的意志为转移的客观事实，然而每个人都存有侥幸的心理，总是认为坏事不会出现，风险不会成为现实，但风险不会因人有意无意的忽视而消失，而且它每一次现身总是让人感到出乎意料。墨菲法则认为，如果坏事情有可能发生，不管这种可能性有多小，它总会发生，并引起最大可能的损失，市场交易风险正具有这样的特点。

交易市场存在诸多不确定性因素，这些不确定性因素造就了投资交易的风险。一些引起交易市场剧烈震荡、波动、冲高或探底的细微事件一直就存在于市场交易中，但往往被众人所忽视。这类导致交易风险的事件姑且可以称作"交易市场的黑天鹅"，它们出现的概率虽小但影响巨大，在灾难性后果出现之后交易者才意识到风险早已经存在。美国"房贷美"和"房利美"两房破产本是属于经济领域的小事件，却引起全球金融市场的剧烈动荡，这就是典型的黑天鹅事件。这种风险是由微小变化带来的巨大连锁反应，颇类似于著名的"蝴蝶效应"——南美洲亚马孙河流域的一只蝴蝶扇动翅膀，两周后会引起美国得克萨斯州的一场龙卷风。

凡事有备而不虞，面对黑天鹅带来的危机和恐慌，交易者更应该提升自身综合素质，不断学习交易理论知识，关注社会发展的趋势，反省自身知识盲区，科学认识风险，制定科学有效的风险防范和抵御措施，为实现交易的盈利目的做好准备。而"灰犀牛"则比喻在交易市场内外存在的大概率且影响巨大的风险和危机。"灰犀牛"带来的风险的可怕之处在于，投资的风险本可以避免，交易者却依旧放任其来袭。很多交易者都意识到美国爆发的"9·11"、英国脱欧、沪深两市引入熔断机制等这些大事件都会给交易市场带来巨大的冲击，然而还是放任资本在交易市场运行，结果导致资本市场行情狂泻的噩梦成真，这些对国家甚至国际政治经济文化社会带来巨大影响的事件属于典型的灰犀牛事件。

风险具有潜伏性

风险具有长期潜伏性，它很难为一般的交易者所察觉，但导致交易风险成为现实的事件往往具有突发性、破坏性、联动性。除了常见的主观性错误之外，投资风险有些是交易者未曾预料到、颠覆其认知、带来毁灭性灾难的黑天鹅事件，有的是明明知道存在、看似不会来临，或不相信会发生能够带来毁灭性伤害的灰犀牛事件——"9·11"事件、英国脱欧、熔断机制政策等，都曾给交易市场带来巨大震荡，导致很多交易者遭受重大损失。存在的就是合理的，出现的也是合理的，这些事件的发生也存在必然性，市场交易者无须去关注社会发生的一切事件的来龙去脉，但交易者对于突发性社会事件一定要进行深入分析，探寻这些事件是否会给交易市场带来冲击，以及冲击的力度或强度有多大，从而发现长期不为所知的潜伏性的风险，避免交易损失的产生或扩大。

杠杆会提升风险发生的概率

在交易利好情况下，资本越多，获利也就越大；资本越少，获利也就越小。反过来，当交易遇到不利情况时，资本越多，遭遇的亏损也就也大；资本越少，遭遇的亏损也就越小。无论是利好还是利差都存在一定的风险，风险具有一定的不确定性、潜伏性和隐蔽性，交易者往往看不到亏损的风险，只看到获利的希望，由此，交易者总是不断通过各种手段聚拢更多的资本投入交易市场。资本除了增值的本性之外还有一个特性，这个特性就是资本具有自我聚拢性，或者称之为杠杆性：你拥有的资本越多，越多的资本就会聚拢而来；你拥有的资本越多，越多的资本就能被撬动。

交易者总是希望拥有更多的资本，而拥有资本的个人、经济实体、金融机构、市场交易平台在"用钱生钱"的理念指导下，不断为交易者提供更多的资本，使得交易者占有的有限资本通过杠杆作用不断被放大，交易者获取收益的机会随之也不断增加，但交易的风险也就被不断放大。在实体经济发展后劲无力的情况下，通过杠杆作用而不断聚拢的资本源源不断地被投入虚拟交易市场，虚拟交易市场的交易价格也不断攀升，总值（总市值）不断膨胀，很容易给人造成一种资本市场繁荣的假象，这就是格林斯潘的关于美国股市所作的评判，这种虚假的繁荣"实际上是一种非理性的躁动或者是非理性的繁荣"，也就是所谓的经济泡沫。这种经济泡沫一旦破裂，潜在的交易风险就会成为残酷的现实，随着资本的缩水，资本的外流成为必然，资方为了保障自己的资本安全就会在关键时刻将资金撤离，交易者的破产是在所难免的。

专业的交易者并不反对通过杠杆作用融得更多的资金进行交易，反对的是非理性的、无节制的资本扩张，它主张交易者在交易之初就必须根据自己拥有资本的数量、资本可控的周期、风险的大小、胜算的概率、可接受的失算后果等一系列因素来判断如何使用杠杆进行融资、何时使用杠杆进行融资、不同情境下应该实现多少融资等。凡事预则立不预则废，唯有如此，才能在交易市场立于不败之地。

交易风险的可防范性

人类具有探索精神，明知山有虎，偏向虎山行是任何具有探险精神的勇士的优良品质，市场交易者也是真正无畏的勇士，他们不是不清楚交易市场风险的客观实在性，而是在富贵险中求的资本文化基因，或者是探险精神激励下，不断深入到市场交易中来，他们相信风险是可控制的，或者风险是可以防范的。是的，任何风险都不是不可防范的，交易市场的风险也具有可防范性，防患于未然，在风险来临之前有准确的判断、风险来临之后采取有效的控制损失的措施，才能保证投资不至于失败。

交易市场的产生与发展有其自身的规律，交易者需要通过了解交易行为框架，在每一环节和每一步骤都要考虑到风险发生的概率，了解每一环节、每一步骤的交易风险征兆和可能产生的后果，及时采取有效防范措施，对交易市场风险进行及时防范，达到规避、减弱、分散风险的目的。交易者缺乏对交易市场制度和规则的了解将会增加风险发生的概率，市场交易者应努力学习市场交易规则，了解市场交易知识，避免知识匮乏造成的损失。

交易者要根据自身特点确立一套适合于自己的交易策略，学会判断市场发展的趋势，在实现盈利目标后当止则止，在市场出现不可预期的破坏性因素后、风险来临前，学会恰当止损，将交易损失控制在最低范围，也就是将风险控制在合理范围之内。

市场交易要不得富贵险中求的心态和理念，通过冒险获得财富的时代一去不复返了，在这样的一个时代，要想获得财富，必须经过实实在在的奋斗。成功的交易者无不经历过对市场的深入研究、长期投资实战的磨炼，他们的成功除了有赖于掌握市场交易理论知识、方法和技术之外，还有赖于他们对交易市场资本风险的预判、利好的迎合和亏损的规避。

作为理性经济人的交易者总是认为在交易中只要采取正确的方法和手段就会取得投资的回报，这种认识是缺乏风险观念造成的，因为投资结果不是交易者主观所能控制的，很多不确定的或潜在的因素对交易者的成功都具有影响甚至是决定性作用。

任何的生产经营活动都或多或少存在一定的风险，往往是风险越大，产生的亏损或收益就越高。风险排序和控制风险的代价排序刚好是相反的。一般而言，在交易市场中各种交易品种的风险从小到大的排序为债券、基金、股票、期货、外汇、其他金融衍生产品，但从风险控制的角度来看顺序刚好是倒过来的。带杠杆性的交易风险最低，交易者在学会掌握和控制保证金的方式、方法和杠杆比重后，最大的损失就是资金心理压力可接受的保证金投入。

投资总会伴随着风险，投资的不同阶段有不同的风险，投资风险也会随着投资活动的进展而变化，投资不同阶段的风险性质、风险后果也不一样。投资风险一般具有可预测性差、可补偿性差、风险存在期长、造成的损失和影响大、不同项目的风险差异大、多种风险因素同时并存、相互交叉组合作用的特点。

从小，家庭、学校和社会就教育我们要回避风险，冒险是不受鼓励的，我们习惯于接受和传递谨慎行事的劝告。多数人认为，风险只会带来不良后果，但是客观地讲，只有正确理解风险，且敢于冒险，才会有更大的成就。有些时候，风险是一种可以加以利用的优势，而不是要避开的陷阱；有时候，承担适当风险并不是鲁莽，谨慎行事导致的失败却超乎想象。人生真正的风险就是拒绝承担风险、胆怯于冒险！

 2 交易风险的分类

（1）收益不确定性风险和代价不确定性风险

一般而言，风险，就是生产目的与劳动成果之间的不确定性，大致有两层含义：一种定义强调了风险表现为收益不确定性；而另一种定义则强调风险表现为成本或代价的不确定性。若风险表现为收益或者代价的不确定性，说明风险产生的结果可能带来损失、获利或是无损失也无获利，属于广义风险，所有人行使所有权的活动，应被视为管理风险，金融风险属于此类。而风险表现为损失的不确定性，即收益不确定性风险，说明风险只能表现出损失，没有从风险中获利的可能性，属于狭义风险。代价不确定性风险是指实现目标过程中达到收益的成本增加的风险。风险和收益成正比，所以一般积极进取的交易者偏向于高风险是为了获得更高的利润，而稳健型的交易者则着重于安全性的考虑。

（2）主观性风险和客观性风险

因交易者个人主观条件带来的交易风险为主观性风险，这些风险包括交易者市场交易知识贫乏、投资轻率、盲目和非理性、交易心态不端正、资本利用周期短等。盲目投资必然伴随着巨大的风险，任何缺乏计划、非理性的交易者都具有赌徒的心理特征——"好运非我莫属"，或"好运必然会连续出现"，或"下一局肯定会赢"的心理。然而事实是好运永远不会连连出现，厄运总是接二连三，盲目、缺乏计划、缺乏理性的交易者只要不改变主观认识，提升自身的技艺，必然面临着投资到底，亏损到底的结局。这种投资行为无异于不得要领的赌博，是情绪化的决定，是傻瓜的游戏。缺

乏对交易市场的了解、认知、体会和实战的磨炼，交易者又如同盲人骑瞎马行走在险象环生的崇山峻岭之间，随时有粉身碎骨的危险。

因非人为的、主观的、交易市场内外客观因素导致的交易风险是客观性风险。面对客观性风险，理性的、有计划的、知识经验丰富的、久经沙场实战的交易者也会遭遇到失败的交易，像上文提到的一些突发性事件为金融市场带来的巨大冲击，不期而遇的风险导致金融市场价格狂跌，有多少市场精英在这些突发性事件爆发后在交易市场折戟沉沙。但是，在客观性风险来临之时，不同类型的交易者遭遇的损失是不同的，知识、经验、理性、计划性交易者的止损是处于绝对的优势地位。

（3）系统性风险和非系统性风险

根据风险产生原因、影响范围、解决手段不同可分为系统性风险和非系统性风险。系统性风险是由于结构系统运行存在问题而造成的。它影响整个系统的运行，需要动用系统性力量才能抵御，具有不可分散和不可回避性。系统性风险具体包括宏观经济风险、购买力风险、利率风险、汇率风险、市场风险。非系统性风险，是指发生于局部、由特有事件造成的、不影响整个交易市场系统正常运行的风险，是纯粹由于交易标的自身因素引起的价格下跌以及由于这种变化导致的交易收益率的不确定性。引起非系统性风险的事件具有随机性、不可预判性和可分散性，风险带来的后果可以通过多样化投资来分散，即发生于一家公司的不利事件可以被其他公司的有利事件所抵消。由于非系统风险是个别公司或个别资产所特有的，所以也称"特有风险"，由于非系统风险可以通过投资多样化分散掉，也称"可分散风险"。

交易者承认交易风险的客观性、潜伏性和多样性。但是，交易者可以通过资金管理、止损等措施来降低风险带来的损失。在交易市场中，最大的风险是无知，如果交易者对交易市场机制规则、标的特性有足够的认知,有合理的资金投入,有理性科学的风险控制手段,交易风险就会被规避。市场交易过程就是对交易市场风险认识、研判和规避的过程,也就是风险控制的过程。由于非系统风险可以通过分散化消除,专业的交易者力求建立一个非系统性风险较低的充分的投资组合,通过选择充分投资组合,实现成本和亏损控制,分散化消除非系统风险的不良影响。

对一名专业的交易者来说,控制风险是第一位的,追逐利润是第二位的。有效控制风险,交易者在任何时候都要将因交易而产生的各种风险控制在可接受的范围之内,在任何时候都要确保控制风险的手段简捷、快速、有效。

3 交易风险控制

（1）交易风险控制概念

控制和防范风险是每一个交易者都应该具备的最基本和核心的交易理念，交易者的首要任务就是控制一切风险。风险控制的意识和行动应该始终贯穿在交易的全过程。任何时候，交易者都不能失去对风险的控制意识、自觉性和主动性，失去对风险的控制就意味着交易的失控，意味着市场交易或投资行为变成了非理性的赌博。交易者应该遵守一套严格公式化的风险管理系统，这套系统包括市场趋势评估、止损条款和投入资金管理，通过这套系统以实现交易过程中对风险的规避，以及当危机来临时实现对本金的保护。

规避风险的流程为判断——决策——采取行动：市场交易者通过对国家宏观政治经济文化社会生态政策、国内外突发性重大事件和市场运行趋势判断风险，及时发现并规避风险，采取合理的措施应对风险。市场交易者只有控制风险，才能打造财富的王国。要学会随时随地保护好自己，更要把自我保护培养成为交易时的一种潜意识习惯。在没有考虑不利的一面之前，永远不要交易。

（2）交易风险控制的手段

投资总是伴随着风险，市场交易者通过各种措施来降低风险发生的概率、减少风险带来的损失、提高资本获利的数量，这些措施就是风险控制的手段。风险管理是追求实现收益和风险两个极端之间的一种平衡，一方面风险不可过大，孤注一掷的投资就如同一场俄罗斯轮盘赌，只需一次背运，转出来一发子弹就将致命。交易里，只需要一笔不利的交易就能清空交易者的账户，因而稳健的交易要避免孤注一掷，即使拥有高超的交易技巧和风险管理方法也无法彻底规避风险，当风险真的成为现实时，熊市出现或交易标的进入下跌趋势后，资本不断大幅缩水，一跌再跌的价格趋势一而再，再而三地突破交易者的心理底线，不知所措中灭顶之灾已经降临，投入资金全部血本无归，交易者最终将因资本匮乏而被迫退出交易市场。另一方面风险也不可过小，没有风险的投资往往回报也了了甚微，交易者呕心沥血到头来却一无所获。

　　寻求发现收益和风险之间最佳平衡点，建立起两种风险控制手段，其一是资金管理，其二是止损。资金管理是建立在运筹科学之上的一门艺术，资金管理具有数学的性质，但它不仅仅是数字加加减减的数学，它涉及政治学、管理学、社会心理学和经济学等诸多学科。优秀的交易者总是具备多方面的科学知识和对交易市场外部环境影响因素有着敏锐的觉察力，而成功的市场交易者无不具有经济学家的头脑。止损是控制风险带来损失的理性的忍痛之举，是对价格趋势研判后采取的一种果决的措施。控制止损能力是成功与失败的分水岭。下文将对风险控制的手段——资金管理和止损设置——展开进一步的阐释。

4 资金管理

(1) 资金管理概念

资金管理是市场交易者在交易过程中对资金来源和资金使用进行计划、配置、控制、监督、考核等各项工作的总称,包括资金账户的总体风险测算、投资组合的搭配、投资的风险回报比以及设置保护性止损指令等内容。资金管理是配置金融资产,对投资资金进行风险控制的有力手段,良好的资金管理体系能有效控制交易风险,更能提高交易者的最终收益。成熟、稳健和理性的交易者将资金管理看成财务管理的重要组成部分,能够严格区分具有绝对处置权的固定资金管理(个人资本管理)、只有使用权而无所有权的流动资金管理(私募资金)和不同交易市场专用的专项资金管理。

资金管理的目的就是投资交易过程中通过理性的资金配置方案、寻求投资交易的最佳机会、控制和规避交易风险、实现资本增值最大化,当潜在的交易风险变成现实后,确保将损失控制在可以接受的水平。

(2) 资金管理目的

对市场交易而言,资金管理是指一切用于交易的现金和头寸的分配及组合的行为总和,其根本目的在于通过对资金头寸及现金的管理,最大化消散在交易失败的情况下出现的风险。首先确保能够在任何极端情况下在交易市场继续生存下去——避免破产风险。其次,资金管理还有一个极为乐观的目标,这个目标也是市场交易所追求的根本目标,获取利润——发挥资本效能最大化,多快好省地实现资本的增值。

第三部分
风险管理

生存，在交易市场中永远存活下去！这是资金管理的底线目的，但在交易市场能够长期存在下去并非轻易可为之事，市场交易零和游戏的本质决定了失败在交易市场是常见的现象，交易风险最惨烈的失败就是被淘汰出局，这种现象在交易市场并不罕见。通过资金管理可以有效控制和防范风险，防止市场平稳运行状态下发生一般性错误，防范极端状况下交易因资本清空走到山穷水尽。留得青山在，不怕没柴烧，资金管理的底线就是通过理性科学的资金配置方案和稳健成熟的交易策略，保障交易者能够在交易市场长期生存下去，确保机会到来时峰回路转、再造辉煌。市场交易不以一次交易获利多寡论英雄，也不以短期之内的胜负论英雄，而是看长期、多次交易之后谁获利最多，谁笑到最后，谁笑得最好，在资本交易市场尤其如此。市场交易不是在机会最好的时候取得成功，而是在机会最差的时候还拥有一定的资本进行交易。

交易者应该根据交易胜败的概率设置一套资金管理方案，这套方案不仅仅要确保在市场平稳运行状态下发挥实效，更重要的是它要为交易者树立长期交易大概率获胜的信心（因为它是根据概率设置的方案），也能够帮助交易者在极端情况下渡过难关。永远不要忽略这个事实，成功女神最终青睐那些历经风险、身经百战之后仍能有幸生存下来的优秀交易者，而幸存的优秀交易者也是那些对资金具有出色风险管理能力的交易者。

所以建立和完善有效的资金管理方案，确保在市场平稳运行的状态下更多、更好地获利，确保在遇到极端状况下根据系统设置的交易方案、完成一个成功交易者必要的操作次数而生存下去。

资金管理的另一个乐观的目的也就是多快好省地实现资本增值的目的。任何交易者都希望资本能像预料的那样增值，但交易风险决定了资本增值具有不确定性。科学、成熟、稳健、正确的资金管理方案造就财富和成功。感性、盲目、幼稚、急躁冒进和错误的资金管理方案轻则导致资产缩水，重则导致倾家荡产。

资金管理方案是建立在长期有效运作、细节管理、大概率获胜

的基础上，它预期的结果依赖于对交易系统设置的方案长期有效执行的基础，这样的资金管理方案能够有效地将低于预期的交易行为转化成一次有价值的经历，把达到甚至超出良好预期的交易行为转变成令人兴奋、足以改变人的一生的经历。

设置资金管理策略，可以让交易者的资金在持续衰退中得到有效保护、避免交易者因交易资本清空而破产，可以让交易者在市场运行环境良好的状态下多快好省地实现资本的增值。

（3）资金管理原则

底线原则

交易者要有底线原则，市场交易为抵御风险在资金管理上要守住的底线是生存。资金管理的首要目标是确保生存，因而任何交易者都必须规避输光的风险，其次要保证有稳定的收益，最后才可追求获取高额回报。

生存优先的底线原则决定了交易者在任何情况下都必须杜绝孤注一掷的投资交易行为——孤注一掷是典型的非理性的赌徒行为，杜绝拿出全部资金来冒险，这是资金管理的基本原则，也是交易的基本原则。在中国，大多数人的经济生活的基本哲学态度是量入为出，但来源于虚拟市场的收入是一种具有风险的收入，具有虚幻性，有时它可以变为现实，但有时它只是水中花、镜中月。市场交易是一种投资，也是一种支出，这种支出也要遵循量入为出的经济生活哲学理念。生存底线原则要求交易者采取理性的投资方案，将损失限定于可以承受得起的程度，使损失不至于在可以预见的将来对日常生活产生极其消极的影响。

顺势原则

科学的资金管理将使你达到盈利的目标。大多数交易者能够在交易市场立足并能够取得巨大成功的真正秘诀在于合理的资金管理，根据价格变化波动的趋势在交易损失的情况下减少交易（即减少头寸规模）、在获利的时候增加交易（即扩大头寸规模）不失为一种好的资金管理方式。盈利的时候增加交易单位、合约及股份数量，亏损的时候减少这些数量，这是坚持顺势原则，正确管理资金的科学方法的精髓。

很多人认为趋势研究属于技术分析，和资金管理没有关系，当彻底了解、认识和理解市场交易之后，当经历过无数次失败与成功的交易之后，交易者终会认识到顺势原则与资金管理之间的密切关系，那就意味着已经迈进了交易这个大门。

通过对交易的过程的分析可以理清顺势与资金管理之间的关系。交易者总是在使用各种方法对趋势进行判断之后才制订相应的交易策略。交易者的心理素质和知识技能等决定了判断准确程度和策略的科学合理水平。交易者的理性是相对的，交易中总会受到各种情感、知识水平等主观条件的局限和交易市场环境客观因素的影响，必然对市场交易发生认知偏差。带着这些认知偏差制订交易计划、方案和策略，自然也会影响到实际收入与预期收入的偏离，而这种偏离的结果多数是大大低于预期。

造成实际收入低于预期收入的根本原因其实在于缺乏对趋势的准确判断和有力把握。在趋势原则指导下，交易者必须不断学习市场交易技巧、知识和理论，提高阅读价格图表的能力，学会通过对大量价格图表的分析、正确研判价格形态的相互转化的特性，充分掌握交易市场内外的信息，学会通过价格图表中展现的价格曲线准确判断出突破的真假性，识别趋势中各种级别嵌套，坚持"亏损兑现、盈利挂起"，唯有如此才能真正坚持趋势原则。

通过资金账面的变化过程可以判断交易者是否坚持了顺势交易原则。入场后交易者账面资金保持持续增长的趋势，可以断定交易处于顺势交易的状态，交易者可以开始考虑加码做足盈利。当账面资金处于不断缩水的状态时，交易肯定是背离了顺势原则，交易者必须重新审视趋势发展的真实状态，找到合理的止损点，启动止损机制，触发止损条件的执行，以控制亏损。

优化组合原则

把所有的鸡蛋放在一个篮子里是一种不明智的做法，在交易市场，将所有的资本投到同一标的做法也是不明智的，避免这种不明智的投资方式的最佳选择就是组合交易。组合交易是交易市场常见的一种交易策略，交易者为了规避风险往往采取多头投资的方式，在交易市场选择一组或几组标的分别进行投资。就资金管理而言，组合交易不失为一种稳健的资金管理方式，它的优点在于避免了一输全盘皆输的后果，但是它的缺点在于多只不同标的的获利多少不一，甚至有的标的处于亏损状态，交易也就无法获得最佳标的的同等利润。

很多交易者在组合交易的一个周期完成后会后悔投资过于分散导致没能获得最佳收益，甚至于重新开始考虑集中资金重点出击一只标的。基于交易者主观条件的限制、瞬息万变的市场行情和充满诸多未知影响因素的环境复杂性，交易者判断失灵的现象总是与交易如影相随。投资风险随着资金的集中而激增，因而，在任何时候，都要尽量避免资金的过于集中，必须坚持组合交易原则。

组合交易并非是在交易过程中多多益善选择投资交易的标的的数量，交易标的数量的选择需要根据个人拥有可支配资金的数量、候选标的盘面的规模、交易时间框架和交易市场的行情等诸如此类的基础条件。拥有巨额可支配资金，投资时更应该多头出击、分批次介入，否则重金投入一支标的犹如巨石落入波浪起伏的池塘一样迅速改变交易标的的价格波动趋势，引起不良效应。少量资金进入市场、介入到一只标的，犹如沙尘落入波浪涌动的湖泊，根本改变不了标的价格波动趋势，因而资金不多的散户选择标的尽量不要超过三只。

自律原则

交易者在交易过程中必须能够将遵守交易系统设置的策略、方案和时间框架内化于心、外化于行，视为一种强制性的纪律要求。强调价值观、是非观、义利观等在市场交易中的对交易者交易行为的影响。交易者个人进行市场交易的目的就是通过交易获得资本的增值，但必须明确任何的商业性活动都是有风险的，市场交易的风险发生率远高于其他行业，面对交易过程中的成功与失败，交易者必须相信自己制订的交易策略、方案和时间框架的价值，不轻言改变或放弃自己的交易系统设定的交易策略、方案和时间框架等。

要有坚强的定力，必须坦然面对胜负盈亏，因为盈利是计划中的，亏损也是预料中的，单笔交易中允许输掉的最大金额也是根据交易者自己拥有资金的规模、心理承受能力和止损设置预先设定了的。因而，亏损时也要有自律的心态：继续坚持自己的交易系统制订的策略、方案、时间框架等。任何交易者要想成功，必须学会如何应对不可避免、随时不期而至的失败，学会如何从失败中恢复，才可能充分利用自己的聪明才智、优良的自律品质、科学的交易系统，才能在市场上立于不败之地，成就宏大的目标。

通过对获胜概率的经验分析、风险分析和资金管理，建立了一个独特的时间框架、一个较长时段的交易周期和一套止损机制保护设置，它避免了时刻关注盘面的麻烦并有助于交易者捕捉到"大"行情，长期坚持一致的交易系统就会发现亏损的交易笔数要比盈利的笔数多，但总体是盈利的。

生活充满了风险，任何人的成功都无法回避和逃离。生活在这样的一个世界里，一个人无论怎么努力支配自己的生活，总会有失败的时候。所以，必须承认，交易市场尽管造就了一个又一个的成功人士，但是它终究是一场充满无数无处不在的不确定性，随时可以导致失败的游戏，这些不确定性就是风险。既然风险是无处不在的，我们就应该轻松坦然面对。在资本交易市场，没有人能完全确定价格未来的发展趋势，不确定性是所有市场恒定不变的本质，成功的交易者无论何时都不能放弃风险管理。任何交易都不例外，甚至从未有过一分钟的放弃。同样，因为市场行为是不确定的，所以成功的交易者必须考虑种种可能的结局，这或许也可以看作是加强坚持交易自律原则的一种手段。

交易者必须懂得止损！当亏损的恐惧逐步上升时，情绪会开始使理智短路，而交易者对自己的所作所为将不再催生希望。停止情绪反应！冷静下来！并且靠理智重建动能。记住，时间永远是交易者的盟友，利用时间来放松心情、澄清思绪，重新找回能量。

在找回好的状态并且把一连串亏损所造成的阴影抛在脑后之前，最重要的就是将资本保护好。一连串的亏损是这场金钱游戏中最不幸的一部分，但如果你是一个纪律严明的交易者，懂得在操作不顺时先让自己退场观望的话，亏损就会结束，当行情回到对你有利的状态时，账面上就又会出现令人欣喜的盈利了。

最棒的交易工具之一就是止损。止损表示你能将情绪性反应和自尊心分开，并且承认自己的错误。接受亏损是一件非常困难的事，因为止损是承认自己犯了错误。但是在金融市场里犯错是不可避免、必然会发生的事。在进行每一笔交易的同时，一定要预先设立信心拐点，只要这一价位一到，就止损出场，而交易者必须修炼自己，提高自己的自律性，在这个点到达时，切实执行止损。

自觉承认市场的不确定性，就必须相信任何价位都可能出现，一旦出现冲击市场不良的不确定性因素，资本的缩水也就难免如约而至。交易者应该轻松面对导致交易失败的风险和结局，建立一套科学的交易系统，确保所做的决策有合理的依据，配合一套完整科学的资金管理计划，一套科学的止损设置，避免蒙受一连串的损失而导致出局。

（4）资金管理方法

世界上并不存在解开市场交易获胜难题的万能公式，但确实存在打开成功大门的金钥匙——打开这扇大门的钥匙就是"资金管理方法"，也就是帮助交易者决定在每笔操作中投入资金额度的一系列交易技巧。精准的计算方法和真实有效的交易技巧，可以使交易系统得到令人难以置信的结果。资金管理方法和交易方法是相互配合的，资金管理方法是交易方法的配套，它服务于交易方法。通常而言，一种杰出的资金管理方法会适用于多个市场；它通常是客观的，不会包括一些主观变量的工具，允许任何人凭此进行交易并享受同样的结果。

设置限额

确保交易者交易规模上的保守性是一种比较优秀的资金管理方法，在任意单笔个人交易中，将所冒的风险限定在账户的最小部分。一个卓越的资金管理方法将会帮助交易者迅速退出亏损的交易，它通常会应用一个相对较小的初始止损位，从而在头寸顺利地按照交易者的意愿调整和顺应市场发展的趋势。

如果有一位富豪跨进赌场，要求将一张10亿元的银行本票换成筹码，情况会是怎样？他会发现，工作人员一定二话不说，利索地帮他把本票换成筹码。可是，当他走到轮盘赌桌旁想把所有赌注一次押红色时，荷官会十分礼貌地说，轮盘赌每次下注的最大限额为10万元。胜算在握的赌场主为什么要规定下赌的限额呢？原因在于，即便他们知道自己胜算很大，但如果这次轮盘正好停在红色，这位富豪就会赢走整个赌场。下注限额规定了单次下注的上限，不仅能够让赌徒们一直玩下去，赌场主也可以利用概率优势，一点一点地赢走全部10亿元。在市场交易中，交易市场资金设限管理就类似于这里的下注限额。

设置限额就是在市场交易中设定一个极值。世界上所有的赌场都限制赌徒下注的最高限额，一来是控制赌徒的损失，减少负面影响，二来也是控制赌场自己的风险，不使赌场由于某一次的偶然的运气面临风险。市场交易风险管理同样也要设定限额——资金设限，以避免出现与不设限赌场类似的不利局面。

资金管理中，头寸管理包括资金品种的组合、每笔交易资金使用的大小、加码的数量等，这些要素，都最终影响整个交易成绩。

资金设限管理是处理资本增值利益最大化和控制损失最小化的一门艺术,资金设限管理需要客观、理性和科学的态度,要根据交易者自身的条件进行管理。对于拥有微薄资本的交易账户,投入交易的资金不应按比例来决定,而应该在不影响正常生活的情况下,将闲置的资本投到市场上。资金雄厚的交易者可以严格按照交易系统设置的比例进行投资。

交易系统设计中最为重要的部分都和在每一个头寸上投资多少有关系,交易头寸过大会让交易者备感压力并影响决策能力。头寸规模确定还指出了基本资本的重要性。对于较大的资本额,可以利用头寸规模确定做很多交易,而在资本额很小时,头寸设置的理念就很容易被一扫而尽。资产管理和资产配置一直都用来表述"多少"的问题,但是"多少"这一术语多年来一直被错误地使用,很多人感到混淆不清。头寸规模确定从本质上在可靠度、回报风险比率和机会构成的三维空间上又加上了一维,大幅度增加了整个交易过程中可能发生的潜在的利润或亏损。实际上,如何确定头寸规模是造成各交易者业绩差距的主要原因。

交易行业本身的特性就是面对复杂多变的交易市场,面对波谲云诡的变化局面,交易者大多都会面临这些相似的问题:应该将损失和盈利的限额设置到多少,应该选择多少品种标的、应该投入多少资金,市场到底将走向何方,价格到底将如何波动,趋势到底如何发展。由于具有不同背景、条件、立场、理念和价值观,交易者的看法、分析、评论和判断可谓是仁者见仁智者见智。但是,限额问题却是与交易者自身条件联系最为紧密的问题。

明智的交易者不会让单笔交易的风险超出资金总额的2%。例如:交易账户上有10万元,那单笔交易的损失就要控制在2000元以内;如果交易账户有1万元,那单笔交易的损失就要控制在200元以内;如果交易者资金量很小,就尽量买那些点值小一点的品种,做些小额交易。如果发现一次有吸引力的交易机会,但止损点必须设在超出总资金量2%的价位时,那就不要交易。

对于交易者而言，2%交易风险限额设置的优点在于，账户金额越大，单次交易所能承担的风险比例就越小。尽管2%规则适用于任何人，但大资金账户只有在绝好的机会下才会使用这样的风险比例。正常情况下，交易者更愿意将风险比例降至1%。例如，2000万元的账户，单次交易最大风险比例为0.25%，单次交易账户的最大风险值就是50000元，每股风险损失1元，意味着理论上最多可以买入50000股，实际中应加上交易滑点和交易费用，所以这个数字应该小于50000股。

注意，在各种规模的亏损后，交易账户要恢复多少才能实现盈亏平衡？例如，亏损20%只需要一个稍微大一点的收益（不会大于25%）就可以恢复平衡，但是亏损40%需要66.7%的收益才能恢复平衡，而亏损50%则需要100%的收益，而亏损50%以上则需要巨大的、完全不可能的收益才能恢复平衡。因此，在冒了太大的风险输了以后，恢复盈亏平衡的可能性是非常小的。

设置止损

止损是风险控制和资金管理的必备部分。恰当的资金管理是交易成功的根本。自律的交易者会迅速止损。因此，在风险到来时，止损交易的绩效显然胜过了那些持仓不动等着解套的输方。

在入场前交易者必须在设置一个预期盈利目标（也属于限定额度管理）的同时，还要确定愿意承担的最大风险。交易者往往根据市场波动情况来判断价格波动的趋势、确定交易方案，力求获取预期潜在的利润，但获取利润最终都以交易者可接受的风险为前提，因而当亏损达到交易者的心理承受力的极限时，止损是十分必要的。因而，在市场交易中，盈利是目的，止损是底线，设置止损是至关重要的。没有止损的交易系统不是完整的交易系统，如果使用不带止损的交易系统，就像赛车不系安全带一样，你可能会赢得一些比赛，但一次严重的事故就会要了你的命。

稳妥地设置止损指令是交易成功的最关键的因素之一。保护性止损措施是一种极为可取的交易技巧。问题是，交易者到底应当把止损指令放置在什么水平上。如果把它们安排在价格图表的某些位置上（如支撑水平、价格跳空或趋势线下方），有时候这些地方过于显眼，因而相当脆弱。在很多时候，为了符合价格图表上好点位的要求，交易者尽量把止损水平放在距离入市水平过远的地方。

交易者必须审慎地管理所拥有的有限资源，并且绝不让自己产生太大的亏损。许多人在输钱的时候加大赌注，希望下一把能将所有的亏损弥补回来，采用这种策略的下场通常都很凄惨。停止一连串亏损最好的方法就是停止交易！马上止损，立刻停止流血般的亏损！休息一下，让理智控制住情绪性反应。任何时候等交易者准备再出发时，市场都还是在那里的。

当你正在输钱的时候，也正开始丧失理性。交易者应当认识到，主动地、及早地纠正个人的交易错误，其实是一件值得自豪的决定。止损表面上看是认错服输，但止损后的事实却给交易者带来了新的机会，可以减少交易损失，可以在低价位上再次买回标的，还可以使交易者保持良好的交易心态。试想，如果交易者能将未遭受损失的那部分本金看成是交易收入的话，那么，这样的逆向思维就更容易令交易者在执行止损操作时感到更加轻松、自律，使其能及时地执行止损操作。交易者若不及时地执行止损操作，一次意外的交易失误就足以使交易者损失惨重。

毫无疑问，止损操作的成败，关键就在于交易者能否正确地认识交易失误，并以坚定的意志在应该止损之时立即执行止损操作。决不应心存侥幸，更不能用各种理由说服自己放弃或推迟实施事先设定的止损策略，而必须以不折不扣的态度、无条件地执行事先制定的止损策略。只有善于应用止损策略的交易者才可能在交易过程中达到最高的境界。

交易生涯可能发生的最坏的事情就是，把账户里的可用资金全部赔光，而同时交易者那满满的自信心也会受到严重创伤。止损策略只是交易者在市场判断失误时的一种保护性措施，用来阻止重大交易亏损的出现。但是，当一个交易者总的交易盈利小于止损所带来的损失，即交易者没有能力在市场交易中赚取足够的利润时，严格的止损措施只是延缓交易资本减少的速度，不能改变交易者最终失败的命运。

单量、入场、止损、退出是任何一种交易方法的四个核心步骤，但它又与资金管理方法无时无刻不联系在一起，两者是配套结合的关系。根据对交易系统广泛的测试表明，为了避免影响长期发展，交易者在单笔交易中损失的最大金额应该控制在总资金量的2%以内。经过初步调查发现，大多数业余交易者不一定会赞同这个止损设置，因为许多业余交易者资金量很小，2%的原则将破坏他们快速致富的美梦；相反，大多数成功的专业交易者却认为2%定得太高了，他们给自己定的标准是，单笔交易的亏损最多不能超过总资金量的1%或1.5%，这充分体现了交易资金管理限额、止损设置与资本数量之间的密切联系，也反映了他们具有个人主观性。

小账户的交易者，大多数时候需要把单次交易的总风险控制在2%以内，大账户的交易者可能把单次短期交易的总风险控制在0.25%之内，把单次长期交易的总风险控制在1%以内。

当设置止损点时交易者需要考虑的是资金多少的问题而不是市场波动性，属于根据资本的量而非根据市场波动做交易。对于绝对金额止损点的设置规则，有一点需要注意，即单笔交易的风险值应该控制在管理资产额的1%。乍一看，这个1%定律反映了要根据资本的多少进行交易。1%定律只是一个上限，即只有当根据市场分析得出的止损位低于管理资产额的1%时才会进行操作。这样，在严格坚守风险管理参数的同时，就能让市场而非资本决定止损位了。保持偏低的交易规模是一种稳健的资金管理方式。

止损设置对交易者来说具有安慰的功能，没有止损设置，一旦亏损将会感到万分沮丧，因为心理上没有接受失败的预置措施。如果不能接受亏损的结果，作为交易者就永远不会获得成功。成功的趋势交易者通常只有不到一半的交易会赚钱。如果不能接受损失，就不可能在知道自己已经错了的时候退出一个头寸。这样，小的损失很可能会演变成巨额损失。更重要的是，如果不能接受会发生亏损的现实，那么交易者就无法接受一个在60%的时间里有可能赔钱，而长期来看能赚大钱的好的交易系统。

止损设置可以让交易者迅速从一个赔钱的交易中脱身，可以让交易者头脑清醒，并重新找回交易系统设置的客观、理性、科学的交易方案。交易者如果能从亏损的噩梦中及时醒来，就能够客观而理性地证明原先交易系统设置的方案依然可行，可以重新建立同样的头寸。交易者要时刻提醒自己，市场上多的是机会，不一定非要吊在一棵树上。通过止损，交易者的交易资金得以保护，因此就不至于丧失下一个高获利、低风险交易机会的参与权。

设置杠杆

市场交易投入的资金越高，获利就会越多，但风险也会越大。当资本不多时，交易者总是希望拥有大量的资金进行交易以获取高额的回报。银行和其他市场交易金融中介组织为交易者实现扩大资本的梦想提供了条件，只要拥有一定数量的保证金，就可以获得数倍于原始金额的投资机会，但也无形中提高了交易面临的风险等级。因此，在杠杆机制允许的条件下，交易者应该慎重使用杠杆，不可贪图高额的预期回报而忘记了面临巨额亏损的风险。

不同市场、不同特性的标的对于杠杆机制设置是不同的，也就会影响资金管理的方案，因此在使用杠杆时要认识不同市场和不同标的的特性。交易标的的特性都有什么？收益率不一样风险不一样；风险不一样，资金管理就不一样。资金管理方法的核心是管理风险，所以，交易标的特性不一样，资金管理方案配比就不一样。收益率高的风险高，你的资金管理配置就得低一些，尽量降低杠杆的配比。收益率低的，你的风险就低，风险低的话就可以加大资金管理多投一些，可以适当提高杠杆的配比。交易标的的特性就是收益率，收益率映射的是风险，高风险高回报的投入稍低一点，在这个过程中需要一个动态取值。

债券，没有杠杆，波动小，收益低。债券有短期债券、中长期债券，不同期限的债券收益率不一样。假如有100万元资金，用50万元投资债券，短期债券一年收益率也就3%左右，这50万元的年化收益率就是1.5%。根据债券的特性，对交易者来说50%的仓位是比较低了，但是另外50%可以用于其他投资。

黄金，有实物黄金，就是黄金实体店里的金条。你有多少资金，你想买多少黄金，这个是没有任何杠杆的。这属于实物性投资，其实和投资债券性质相差无几，实际上这比投资债券受益还要多，债券在你没有行权能力的情况下是废纸一张。黄金是硬通货。黄金走到哪儿都有人认可。这里有一个故事，就是德意志银行的亚洲区负责人蔡洪平老师，他有一次帮助国内一家企业去欧洲做上市路演。这个时候就遇到了一个年纪将近百岁的老人，老人被人搀扶着走到他面前，拿出了一张当年清朝政府发行的债券，问蔡老师，他这个债券怎么样能够兑换。中华人民共和国早在1949年成立之时就对外宣布废除一切清朝签订的不平等条约以及对外发行的债券。面对老太太拿出这样的一张废纸，蔡老师灵光一闪，对老人说道，这是一件非常珍贵的收藏品，它的收藏价值远大于它的票面价值。老人高兴地离开了。

在市场机制不同的情况下，同一个标的的资金管理配置也是不一样的，你在实体店里买的黄金，和你在期货市场上面买的黄金是不一样的。金店的黄金是实物的没有加任何杠杆的。期货上黄金是有杠杆的。杠杆就是保证金交易机制。

中国的股票是撮合机制也是没有杠杆的，中国有融资融券，其实也是一种杠杆行为，但是要求的起步门槛相对较高。国际的股票市场是有保证金交易机制的，也是有杠杆的。所以结合以上两个例子，虽然它们都是同样的品种，但是在不同的市场交易机制情况下，风险管理方式也是不尽相同的。

　　因此，面对不同的市场、不同特性的标的、不同的杠杆机制，要做好自己的杠杆设置，尽量避免巨额资本带来巨额亏损的风险，确定科学、合理的资金配置管理方案。

第三部分 风险管理

 **5 资金管理中的各类关系**

（1）交易行为逻辑与交易者成长逻辑的关系

在资金管理过程中，不仅要分析交易行为逻辑，更需要剖析交易者的成长逻辑。从交易行为逻辑上讲，资金管理方法在先，首先设定资金管理方案方法之后再按照交易方法实施买卖行为，这个是交易行为逻辑步骤。交易者不能先交易做完单子，再去对资金进行管理，这是程序性的错误行为，因为确定你的单量或持仓的判断肯定发生在交易之前，所以在进场之前就需要确定单量，显而易见，资金管理方法是在交易方法前面的。

交易者的成长逻辑恰恰与交易行为逻辑相反，前者是先有方法后，再有相应的资金管理方法。一般而言，初次踏入交易市场者对资金管理方法这个概念的感觉是非常空洞的，从数学的角度而言，资金管理方法是可以理解的，但是在执行的过程中，往往无法正确管理资金，很容易脱离既定的科学资金管理方法的轨道，制定的资金管理方法会很容易被推翻，坚持不住或者执行不了。为什么呢？因为首先资金管理方法是建立在市场交易方法的基础之上的，资金管理方法与交易方法两者之间是配套结合的，交易者需要一个好的交易方法作为支撑，交易方法和资金管理方法二者之间不存在先后。但是在交易者成长的过程中，大多新手入行后，很少会关注资金管理方法是什么，也很少主动学习资金管理方法，他们最关切的是能让他们进行交易的具体技术，也就是交易方法，所以，初入市场交易的人成长都是从交易方法开始。

交易者的成长过程是以技术性、技巧性的东西开始，因为这个东西最实用。交易者学会交易方法之后，可以根据交易方法去找配

套的资金管理方法。当有了交易方法之后，交易者就更容易理解资金管理方法。但是，当交易者没有交易方法的时候，交易者对资金管理的方法感觉是空洞的，没有意义的。如果新手都先从学习资金管理方法开始，就会发现是不切实际的，因为资金管理方法需要与交易方法配套使用。不同的交易方法适用不同的资金管理方法，两者不能硬结合，就如同格格不入的两个人硬要组成一个家庭，矛盾丛生是必然的。

分析交易过程中难点所在是要把所有构成要素单独罗列出来讲，交易过程中所有构成要素环环相扣，不仅要把构成要素分别单独罗列出来，还得要按照交易的程序将它们重新建构成一个有机整体。不仅要分析交易行为中交易方法与资金管理方法之间的逻辑关系，还要分析交易者成长的逻辑过程。入行的人不能仅仅学习交易的方法，而且还要掌握资金管理的方法，在弄清交易者成长的逻辑过程后，才能帮助入行后的交易者按照成长过程一步一步解决交易中遇到的问题。

行为逻辑与交易者的成长过程是相互抵触的。按行为逻辑来讲肯定是先有投资标的，才能确定资金量，才能决定交易的额度——这属于资金管理；在交易行为过程中，交易者先有投资标的，先有对标需要买的东西，再确认账户里有多少钱，接下来就是考虑资金配比的问题。在交易行为过程中，确定投资标的应该放在第一位，考虑资金规模的资金管理应该放在第二位。但是，当交易者管理资金的时候，他首先是面对资金，当有了资金之后，就是要做投资标的的选择。这是一个行为逻辑。

（2）预期收益与风险的平衡关系

交易者必须了解资金来源、额度、可控时间长短、预期收益和风险承受能力。根据这些要素来确定需要选择的市场和标的。交易者追求收益和风险两个极端之间达到一种平衡，在追求高收益的同时还要兼顾风险等级，一方面追求高收益、高回报时应控制风险不可过大，不然最终可能赔光一切，或者被迫退出交易；另一方面采取过于保守的态度追求低风险交易，这样导致的结果可能使回报甚微，到头来一无所获。过大的风险一旦成为现实将是没完没了的衰落突破心理承受底线，或者是价格突然探底市场吞噬了账户所有的资金，最终迫使交易者放弃交易。大多数人在交易过程中的实际表现是或过于自信、高估自己的赚钱能力——预期收益很高，或表现出极差的心理承受能力——预期风险很小。

（3）资金管理与选择的时间框架的关系

在同等的前置条件下，从技术角度来看，时间框架的选择对资金管理也是有很大的关系，时间框架选择越大，交易进场和出场的时间周期跨度也就越大，相对于小时间框架来说更加安全一些，所以可以增加资金管理规模；时间框架选择越小，交易进场和出场的时间跨度就越小，交易的频率就越大，风险就相对越大，所以时间框架小，应适当降低资金管理规模。例如，如果交易者选择一年为单位的时间框架周期，买入和出场一年时间只操作一次，那么这一次的资金管理规模就应该相对大一些，另一位交易者选择以日为单位的时间框架周期，买入和卖出在一日之内结束，那么这一次的资金管理规模就应该小一些。

（4）资金管理与个人心理承受能力的关系

交易者承担风险能力大小对资金管理方案有一定的影响。一位求教于我的交易者，用10天的时间把资金翻了80倍，他也就是几百美元的本金，但是，如果他拥有100万美元资金进行交易的时候还能够翻80倍吗？所以，在市场标的确定的前提下，交易者对风险的心理承受力还受个人的资金量、心智成熟度等因素的影响。心理承受能力因人而异，它跟心智有一定的关系，跟个人背后的资源也有一定的关系。

资金管理看上去是与数学密切相关的东西，但实际涉及的要素很多。如何实行有效的资金管理，交易者众说纷纭，之所以交易者对资金管理有不同的见解、观点和理论，就是因为他们的前置条件各不相同。他们面对的市场机制、标的特性、资金规模、预期收益以及心理承受能力的不同，导致他们选择结果的不同。另外还有一个就是价值观的问题，面对同样的事物，每个人的立场角度不一样，就会有不同的认知和体验，每个人都是站在自己的立场看待资金管理问题，而且很多都没有将主客观条件结合在一起来看待资金管理问题。

投资有风险。资本市场具有诸多不确定性的因素，这些因素往往对资本增值的目的产生不确定的影响，这就导致资本进入市场后通过市场交易既具有获利的可能性，也具有亏损的可能性——市场交易是一项具有风险、充满挑战的行为，成功的欲望弥漫整个市场，交易市场风云激荡、波谲云诡，充满了刺激，更是充满了交易风险，稍微不慎交易者就会在这无硝烟的商战之场坠入万劫不复之地。

成熟的市场交易者通过科学高效的资金管理方法防范风险、抵御风险，将风险带来的损失降低到最低水平。资金管理是一个交易系统重要的组成部分，交易系统就像是战场上制定的作战战术，而资金就是战场上的士兵。要想确保一场战争的胜利，首先要考虑的就是如何实现最小的人员伤亡。即便拥有再先进的武器和相配套的作战战术，如果不能保护好每个士兵的生命，就必然出现不必要的人员伤亡，甚至全军覆没，最后的结局就是失败。在交易过程中，必须制定科学的资金管理方法和策略，为交易者能够继续参加战斗提供有力的保障，珍惜账户中的每一个"士兵"的生命，直到最后胜利。

第四部分

交易系统

交易是一个严谨的系统工程

第四部分 交易系统

 **1 交易系统概述**

（1）交易的定义

从广义来说，一切涉及交换的行为都是交易，物质的和非物质的交换都可以看成交易。例如，情感沟通、信息交流，劳资双方的劳动付出与工资报酬的互换，这些都可以称为交易。狭义的交易是以货币为媒介的交换行为，在分工日益精细、商品经济日益发达的现代，我们一般需要通过以货币为媒介来换取日常生活所需之物，小到购买一瓶水，大到买房、购车、买入奢侈品甚至私人飞机等无一不是交易。

在经济领域，交易一般指商业贸易，也就是通常所说的买卖，参与交易的双方或多方的目的是通过交易实现各自的利益、满足各自的需要。而在资本市场，交易一般指对标的物的买与卖，交易市场的交易与日常生活领域其他类型的交易的本质区别在于：日常生活交易参与者的目的和需要往往是不同的，比如房地产市场买卖双方的交易目的就完全不同，销售方需要获得利润或者是资本的增值，而购买方所需要的是居所；而交易市场的参与者交易具有相同的目的，即都是希望通过标的物的买卖实现资本增值的目的。只有交易者的目的和追求不同、相互补充才可以实现交易的双赢，而交易者目的完全相同，不存在互补性，交易者就很难通过交易实现共赢。

（2）系统的定义

系统是一个由相互作用、相互依赖、具有不同功能的若干部分组成的结构化、体系化的有机整体。系统具有层次性，小的系统包含在大的系统之内，是大的系统的一个有机组成部分，而大的系统又是更宏观的系统的一个子系统，在不断发展与运动的过程中系统内部、系统与环境之间相互作用、相互影响。

例如，人体最基本的结构和功能单位是细胞，细胞构成了组织，组织构成了器官，器官构成了系统，系统构成了人体。细胞是构成人体形态结构和功能的基本单位，形态相似和功能相关的细胞借助细胞间质结合起来构成的结构为组织。几种组织结合起来，共同执行某一种特定功能，并具有一定形态特点，就构成了器官。若干个功能相关的器官联合起来，共同完成某一特定的连续性生理功能，即形成系统。人体由九大系统组成，即运动系统、消化系统、呼吸系统、泌尿系统、生殖系统、内分泌系统、免疫系统、神经系统和循环系统，这些系统都是相对独立而又紧密相连的。我们不能将它们割裂开来，因为它们不能够完全孤立。不同的系统具有不同的功能，共同维持了有机体的存在，人体要健康存活，每个系统都非常重要。其中任何一个系统停止运作，人体就会立即出现问题，甚至死亡。

（3）交易系统

市场本身就是一个包含诸多要素的大系统，它包含市场规则，交易者的心理结构及其行为结构，交易的逻辑步骤、方法、技术和技巧以及综合性、抽象性、概括性的交易理论。

在交易市场，交易者往往通过一定的方法对交易系统诸如逻辑步骤、市场交易行为等构成要素进行界定和量化分析，以概括性、理论化的方式将交易系统展现出来，并根据交易系统各组成部分的体系结构、逻辑过程，制定科学、规范和具有操作性、标准化的执行规范体系，用以规范交易者的交易行为，在交易市场，这套标准化的规范体系也被称作交易系统，这是交易者使用交易系统这一概念时所要表达的基本含义。

市场交易状态是变动不居、变化莫测的，交易市场状态是无数匿名的交易者不同心理指导下的交易行为相互作用的结果，它充满了机会和风险，他人的行为为自己的交易创造了条件，机会和风险不是个人造就的，而是交易者共同作用的结果。不同的行为信息繁芜复杂，对每个人的认识和分析能力都是一种挑战，而且很难有交易者能够全面掌握市场的信息，即使是同一标的的信息量也让交易者难以全面把握和处理。为了应对这种复杂、多变的局面，作为交易理论方法和交易规范的交易系统不关注某一位或每一位交易者的交易行为，它只关注构成交易系统各要素和交易过程逻辑涉及的特定的行为，指导交易者在特定的市场状况中严格按照科学的操作规范进行交易。

交易系统是建立在对市场行为深刻理解的基础之上的。交易系统本质上反映了交易者的交易思维，形式上是一套符合交易思维逻辑的完善的交易规则。交易系统所规定的交易规则应当是系统的、客观的、量化的。交易系统严格规定了整个交易过程各个环节的执行规范，要求交易者完全按照其规范进行操作。

（4）交易系统的构成要素

方法意义上的交易系统是由标的选择系统、风险管理系统、资金管理系统、交易方法系统和情绪管理系统等子系统组成的，这些子系统之间并不是相互割裂的，他们之间也是相互作用相互联系的（见图4）。各个系统在交易中按照交易流程的顺序联系在一起，而且在流程的每一步骤进行判断、决策和行动时其他的系统也在发挥一定的作用。当交易者选择在市场交易时，第一个问题就是要买什么，也就是标的的选择。选择了标的之后，应该认识标的市场机制，了解交易规则和标的自身特性，从而确定标的风险，接下来就是根据风险特性规划适应自己的资金管理方案，然后确定适用的交易方法，最后是在执行交易过程中的情绪管理。这涵盖了一个完整的交易行为流程的几个步骤。

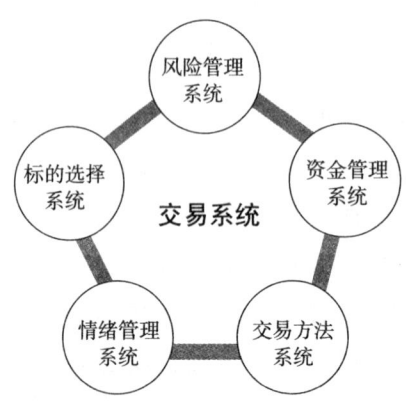

图 4　交易系统的构成要素的示意图

一个完整的交易系统必须同时具有确定的时间框架和空间框架，两者结合在一起共同构成了一个交易系统的基本结构。交易系统中的时间框架决定着交易时间的周期长短，交易系统通过控制交易时间来控制一单交易的盈利或亏损的范围；交易系统的空间框架决定了交易价值的空间大小，交易系统通过控制价位空间来控制盈利或亏损的空间。在交易系统的基本结构中，时间框架是主要结构框架，时间框架主要控制交易。空间框架是辅助结构框架，空间框架主要控制风险。

任何一种交易系统行为都含有单量、入场、止损、退出这四个核心要素，这些也是一个交易周期内最基本的四个行为，科学的操作系统需要将交易行为进行标准化和量化，只有对交易系统包含的这些构成要素和环节逐一进行深入的分析才能实现。后文将把宏观的交易行为系统拆分为单量、入场、止损和退出等微观要素进行分门别类的论述（见图5）。

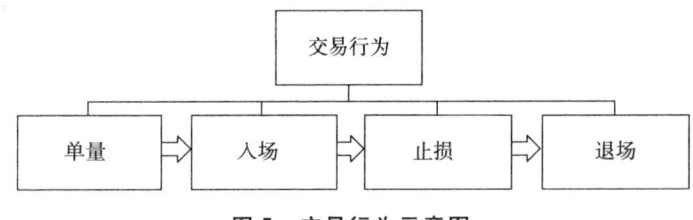

图 5　交易行为示意图

（5）交易系统的类别

在统计套利及高频交易之外，交易系统一般可归为五大类型。

趋势跟随交易系统

趋势跟随交易系统主要是利用趋势工具判断市场的趋势进行买入、持有、卖出，由于市场在30%~35%的时间内时处于明显的上升或下降趋势行情中，而70%的时间内交易价格处于横盘整理的震荡状态，趋势工具很难准确描绘出价格在震荡整理阶段的变化方向，因而，在价格波动震荡期，趋势跟随交易系统很容易导致判断失灵。

趋势跟随交易系统可以在趋势上升或下降明显的时间段内发挥优势，利用这样的优势，交易者往往能够在较短的时间内获得丰厚的利润。交易研究者根据趋势工具开发出了相应的趋势跟随系统，以帮助交易者把握趋势的变化。每一个交易者都希望多快好省地获得资本的增值。作为一个趋势交易者，要在趋势性强（变化方向比较明显）的市场进行交易，在震荡行情或者是趋势隐晦的市场利用趋势跟随系统进行交易将会是这些交易者的噩梦。

亏损往往伴随着各种趋势交易系统，因为趋势交易系统的理念就是抓住大趋势进行交易，能够容忍上升趋势中价格整理的暂时性、反复性的下跌，在不断亏小钱的过程中捕捉几次赢大钱的机会。因此，趋势交易者必须具有承受小亏风险的能力，并且有足够多的资金去抵消趋势震荡上升过程中下跌带来的交易损耗。

反趋势交易系统

反趋势交易系统是与市场的主流趋势相反的交易系统。反趋势交易判定趋势主流上升、横向还是下降的最佳方法是利用周K线，而不是利用日K线。反趋势交易是在较短的时间周期或者中级时间周期做与主流趋势相反的交易，它本质上，是在市场进入超卖或者

超买状况下持有相反的头寸。作为一个反趋势交易者，通常需要在市场中有长期丰富的经验，而且能够把握交易市场的中长期价格变动的大方向、短周期内价格震荡波动的特点，利用短周期内价格波动震荡、抓住关键时机进行交易。一般来说，震荡交易者、日内交易者、短线交易者是反趋势交易的主体。反趋势交易成功的关键在于对反趋势指标、特殊的价格图形的判断具有相当充足的交易经验，反趋势交易者通常在趋势转换前做出预判。

突破交易系统

突破交易系统适用于市场在建立调整平台之后在没有任何先兆的情况下价格突然向上（或者向下，但是向上突破的交易系统使用更为广泛）运行的情况。在交易市场氛围并不浓厚的情况下，市场基于本身的内在价值往往会构筑一个平台或者说箱体。之后，交易者尤其是大户根据基本面的突变会抢入很多筹码，这就使得价格突变上升并且加速上扬。突破交易系统与趋势交易系统相比的优势在于，突破交易系统可以应用于无明显上升、横向或下降趋势或者剧烈振荡的市场。作为突破交易系统的应用者，理解跳空缺口并且知道它的影响显得尤为关键。跳空缺口往往是突破交易系统巨额利润的开始。

价格区间交易系统

适用于价格区间交易系统的市场通常发生在实体经济发展出现停滞的时间段中。从历史情况来看，一般市场出现崩盘后会进入到另一个价格区间中，此时市场处于转型期。

价格区间市场有别于无趋势市场，处于该状态的市场震荡幅度较大并且有明显的最低和最高值。因此既不适用趋势跟随更不适用于突破系统，通常认为最小波动区间只有10%才能称为价格区间市场。

价格区间交易系统利用在价格区间内波段循环的特点持有头寸

直到最高价被触发，然后卖空头寸等待标的价格下跌。价格区间交易系统交易者在价格上升时买入，在价格下跌时卖出。市场处于价格区间状态是一种完美的盈利模型，并且能为有经验的交易者带来丰厚的利润。

对冲交易系统

对冲交易系统是机构交易者为了避免巨额的资金量单边投机的较大风险，采取多个标的组合进行交易、规避高风险的手段。对冲交易系统的交易者在多边交易的过程中尽可能避免大资金在不同市场的同时投入，通过一边增持另一边必须减持的交易策略，买入某一个标的后会卖出另一个标的来规避单边持仓的风险。比如在期货市场中，交易者会买入家畜卖出玉米；在外汇市场中，交易者会买入一种货币卖出另外一种货币；在股票市场中，交易者买入股票卖出股指。

相对于上述四种交易系统，对冲交易系统更为复杂并且需要更多的专业知识和技巧。交易者不仅要了解、认识和充分掌握交易标的的信息，更需要了解相关的商品、货币走势以及期权情况，因此对冲交易系统并不适用于初级交易者。专业的交易者利用对冲交易系统去解决不同的周期持仓，比如短期和中期情况。而初级交易者采用对冲交易系统则另有所求，他们只是利用对冲交易系统去控制他们的损失而已，结果是带来扩大损失这一适得其反的后果。对冲交易系统不适合初级交易者，对于没有专业教育背景和市场知识的交易者，对冲交易系统只会加大他们的损失，给他们带来更大的伤害，这也是对冲交易系统所存在的缺陷。

不同的交易系统适用不同的市场状况，每个交易系统面对千变万化的市场状态都有兴衰和没落，只有充分了解系统如何运作、如何发展、何时运用，交易者才能明智地选择适合当前市场状况的交易系统。

（6）构建交易系统的目的

不同的交易系统都为交易者提供了一套完整的交易方法，指导交易者进行分析、判断、决策和行动，但不同的交易系统存在种种不同的缺陷，为了指导交易者能够进行科学、理性的投资交易，需要建立一套客观的交易系统指导交易者按照客观化的交易模型包含的规则进行交易——构建交易系统的目的就是为交易流程的每一步骤设置一套客观标准，提供一套符合交易市场规律的交易规则，这个规则建立在对市场交易数据大批量的整理、分析的基础上，因为它是客观化的标准，因而具有可执行性的。

在执行交易系统的过程中，必须杜绝感性和盲目，减少下单前的恐惧，消除交易中的主观随意性，使理性、正确的交易理念、交易规则贯穿到底，要做到这些，需要交易者有严格执行交易系统的自我约束能力，提升自我的纪律性。

交易系统可以帮助交易者消除交易的主观随意性，帮助交易者减少下单前的恐惧，这是建立交易系统的目的，也是交易系统的第一个功能。交易系统的第二个功能是保证交易策略的有效性，第三个功能是有效地规避风险、控制交易风险的损失。交易者建立一套可以正确贯彻自己交易理念的交易方案，使全部想法在系统原则的指导下得以正确体现，通过系统性建立的交易方案，能帮助交易者把交易理念贯彻落实到实际的交易过程当中。

交易系统使得交易理性化，提高交易行为的正确率，杜绝感性和盲目的交易，坚持交易系统的规则需要严格的纪律性。不同交易者在执行交易系统时，可能产生不同的结果，这一般不是交易系统本身的问题，是交易者个体之间的差异造成的。具体来说，就是结果不同，是交易者坚持交易系统的纪律性不同造成的。对交易系统的正确执行是迈向稳定盈利的必经之路，没有长期坚持的纪律性，在情绪和外界影响下放弃交易系统的交易理念、观点、方法和规则，即使短期能够实现盈利，但长期交易也是失败的。

交易系统是根据交易者长期交易的数据设计的正向预期模型，它具有可复制性。这里以万科为例说明正向预期模型的可复制性。万科在20世纪90年代发展初期涉足房地产行业时，同行都在忙着搞好政商关系，而万科忙着干什么呢？他们已经开始着手建立属于自己的完整体系结构，向标准化、流程化发展。刚开始他们的理念和做法还遭到了同行的冷嘲热讽，甚至对他们做的这些事情不屑一顾，认为那样做是在耗费时间、人力、物力，蓬勃发展的市场有无数的机会，还不如抓住机会多找一些项目来做。但是十年之后，万科通过所建立的这些系统和标准，已经有足够的实力可以同时启动上百个项目，而当初很多嘲笑万科的企业同时进行三个项目都做不了。这就是建立系统模型其中的一个优势，建立了一个符合期望值的收益模型，才能走得更远。市场交易不纯粹靠主观、随意性的想法和行动，今天这样做，明天那样做，没有任何规则、毫无逻辑的交易是没有办法长远发展的。在无尽变幻的市场环境中，越是没有规则，越对自己不负责，就越易于被意外事件扫出市场，交易者也就越无法控制自己的生活。

（7）交易系统的评价

交易系统是通过大量数据的整理、分析和研究建立起来的一套客观、规范的交易规则。说它客观，是说如果两个不同的交易者同时使用交易系统，他们将得到相同的入场价、出场价和交易头寸。交易者的主观决策也必然会牵扯到入场价、出场价和交易头寸的问题，但是在具体使用的时候又会有一定程度的灵活性。

交易行为框架帮助交易者建立起一套适合自己的交易方案，但如果交易者缺乏自我深度了解，就无法在交易行为框架的指导下设计一套适合自己的交易方案，成功交易的秘诀之一就是根据交易系统设计的理念和原则找到一套适合自己的交易方案。

交易系统具有简单朴素的特点。交易系统通过对交易历史数据的简化避免了系统形式越复杂越容易出错这一问题。多数交易者喜欢优化系统,通过坚实的数据基础、扎实的分析和研究建立起来的客观交易系统能经受住市场的变化,反之囿于现实环境和条件的变化不断应急变化的系统很可能经不起实际交易的考验。按照交易行为框架设计出一套好的交易方案后,最好不要改来改去。如果交易者喜欢修修补补,那就另外再设计一套好了。大多数交易者在运用交易系统的过程中,为了改造出一套完美的交易方案,结果却摧毁了它所设立的客观性原则。

系统交易者在市场利用的是"价格变化的趋势会重演"这一特性。当然,优秀的系统交易者知道市场不会简单地重复过去。判断一个交易系统好坏的依据是系统的稳健性。系统的一致性是指在市场条件改变的情况下它依然保持合理的状态。

系统越好,交易对人的主观依赖性就越小。"世界每一个角落的麦当劳都一样,都靠年轻人经营",正因为有优秀的系统标准才使这一切成为可能。麦当劳的成功在于提供了一套可靠的系统标准,本书也是在为交易者提供具有广泛适用性的一套系统的交易行为框架标准。

第四部分 交易系统

2　单　量

（1）单量的定义

从交易流程看，交易者携带交易资金进入交易市场进行实际交易操作所接触的第一个概念必然是单量。单量就是我们在任何一个交易市场中标的物买卖交易的数量。比如顾客需要购买白砂糖，销售者就会问顾客需要多少斤，或者是多少吨，这里购买白糖的数量就是单量。在实体商品交易市场，购买商品都要有一定的数量和单位，数量和单位合在一起，计价单位才具有可被交易双方理解的意义。

虚拟交易市场对标的物的计价单位设定类似于商品实体交易市场，在股票市场一般以"手"为单位。交易者购买股票首先要决定要买多少"手"。此外，金融市场上还有其他一些计量单位，比如，买多少"张"的合约，或多少"吨"的期货，或多少"盎司"的黄金。

关于单量所要讨论的核心问题是交易者如何确定购买标的物的数量，即如何确定单量（购买标的物的数量），也就是试图回答如何来合理地决定购买的单量。

（2）确定单量配置的意义

合理的单量配置源于对个人资金额度的认识和管理方式，资金管理涉及资金规模、方法、策略、管理者的心理、市场机制和环境等几个构成要素。在影响单量的所有前置条件和标的市场都确定后，就可以确定单量了。合理的单量是实现资本增值最大化和有效抵御风险的一种手段。确定单量是资金管理最为重要的一部分内

容,对单量的配置一方面是通过有效的投入获得相应的预期收益,另一方面就是通过控制单量加强对投资风险的控制。

(3) 确定单量的影响要素

资本规模

在确定购买的标的和单量时,资本规模是一个十分重要的影响因素,而且有时也是确定投资标的和单量配置的决定性的因素。这里需要交易者对自己掌控的资金通过数学运算计算出来要购买标的的单量,就这一点而言,单量配置的性质其实和资金管理是一样的。比如,按照2021年1月27日的股市行情来看,当日贵州茅台(6005191)最新收盘价为2141.89元每股,一手股票等于100股,所以买一手贵州茅台需要214189元。对于低于20万元资本的交易者来说,在茅台股价居高不下的情况下根本就无法实现投资茅台的目的,考虑茅台作为备选标的显而易见是不理智的,也是不现实的,更不用说配置茅台单量方案了。

市场标的的价格差别很大,交易者可以根据资本规模选择不同价位的交易标的。由于判定资金规模大小具有主观性,同等的资金规模在不同交易者看来可能是有差异的,交易者必须根据自己的资本规模投资于相应的标的,这样既利于单量的配置,也利于对掌控资金的管理。

单量配置与资金管理的理念、方法和策略也有着密切的联系。不同的资金管理的理念、方法和策略,资金管理的模式也不一样,在不同的资金管理模式支配下,单量配置的方案也不一样。具有一夜暴富投机理念的交易者往往采取豪赌的方法和策略将大量或全部资本配置到某一单一的标的或单一的市场;与之相反,具有稳健投资理念的保守的交易者则会在多个标的或市场配置单量。大多数专业的交易者主张稳健的交易、标的和市场多样化单量配置理念、方法和策略,以此抵御和防范单一标的和市场交易的高风险。

市场环境和行情趋势

首先要了解和认识交易市场的社会政治经济文化大环境，在社会稳定、国家安宁、实体经济向好的大环境下，提高单量有较大的赢面，而在社会出现不稳定迹象、国家发展受到干扰、实体经济缺乏活力的大环境下，必须尽可能将单量控制在较低水平。其次交易者必须分析市场发展的趋势，正确研判市场发展的趋势，在不同的市场状态下一定要采取相应当量的配置方案：当市场处在熊市向牛市转化阶段可以放大一些胆子，加大单量，当市场处在牛市向熊市转化阶段要审慎配置单量，尽量控制并减少单量。

任何市场都是有繁荣衰退周期的，在这样的周期性现象中，首先要分析的是市场行情当下所处的阶段，根据投资标的所处在市场运行环境中间的阶段配置交易标的单量。如果在底部阶段就可以稍微大胆一点提高单量进行投资；如果在中部阶段，那就需要稍微审慎一些，控制一下标的交易单量；如果在高位阶段的话，就要考虑得更为审慎。但是当确定市场行情已经处于高位，马上就要进入到衰退了，交易者就可以做空单。

市场机制

这里的市场机制主要是指市场是否存在通过保证金来提升交易者可用资本额度的杠杆设置。是否存在杠杆，杠杆保证金的比例对单量的配置方案都会有一定的影响。同样是买股票，同样是10万元的交易资金，在内地与香港或者欧洲的金融市场购买股票是完全不同的，单量的意义也是不一样的。在香港或欧洲金融市场都存在杠杆机制，在这种情况下如果交易者把10万元通过杠杆放大全部买进去，那他可能在短时间内赚很多钱，也可能在一天内亏完所有本金。但是在内地市场，就不会存在这种情况。

我们在前面的章节曾经讲述市场机制划分为有杠杆型的和没有杠杆型的，不同的市场机制会衍生出来不同的交易条件，也就会衍生出不同的资金管理方法,最后落实到交易层面就会有不同的单量配置方案。有杠杆机制的市场,价格的小小的波动就会对交易本金产生巨大的影响,当然,行情好时交易者可以获得数倍于本金的收益,然而,一旦趋势走向下跌,小小的一个下跌就会导致交易者遭受重大的损失。所以在杠杆机制交易市场,交易者应该控制单量,避免将过大的资金作为保证金来撬动巨额的交易资本,否则风险一旦发生将会遭受灭顶之灾。没有杠杆机制的交易市场,价格波动带来的机会和风险都远低于杠杆交易,所以在无杠杆机制的交易市场,交易者可以考虑尽量扩大单量到个人可支配交易资本,一半甚至是更多的资本交易单量都是可行的。

心理承受能力

面对不同额度的资金,同一位交易者有不同的心理反应;面对相同额度的资金,不同交易者也会产生不同的心理反应。这种心理反应就是压力。面对交易中的资金压力,交易者的心理承受能力是不一样的,这与不同交易者的经济基础有关。一般而言,交易者的经济基础越雄厚,其承担的压力会越大,但交易者承压的能力也越强;交易者的经济基础越薄弱,看似承受的压力越小,但其心理承受力也越弱。交易者经济实力雄厚、心理承受能力越强,交易单量就越大,交易者经济实力薄弱、心理承受能力越弱,交易单量就越小。

(4) 确定单量的方式方法

确定单量有两种常用的方式方法,其一是固定单量法,其二是固定百分比单量法。

固定单量

大多数交易新手一般都用固定单量法进行单量配置,这与交易新手所操作的资金规模不大有关。固定单量简单清晰直观,小资金账户不用烦琐地计算账户与风险之间的关系，只要简单地根据风险承受范围确定一个固定的单量，一直重复投资交易就可以了。他们只用在交易初期，做一次风险评估，确定一个基本的单量，之后账户资金没有明显的大幅度变化时，这个单量是不会变的。

在第一次评估风险的时候需要注意标的趋势特征、风险、波动率、价格或点值，这些属于每个标的都有的自身的特性，就好像从宏观角度看人一样，虽然每个人都差不多，但是性格却是千姿百态。我们面对看似相似、实则性格千差万别的不同人，在坚持自己的原则的同时，还需要有不同的沟通技巧和策略；我们面对看似相似、具有不同特性的交易标的，在坚持交易系统的同时，还要有不同的单量配置方案。就标的的波动率这一特性而言，每个交易标的的波动率也是不一样的，同一时间内，不同的标的波动率不同。不仅如此，即便是同一个标的在不同时间下，它的波动率也不相同。此外，很多标的物的价格是不同的，这就使得不同标的物每手单量是不一样的，例如贵州茅台股价2000元/股，中国石油股价8元/股，每手的单位是100股，贵州茅台一手为2000元×100股，中国石油一手为8元×100股，我们得出贵州茅台一手单量为20万元，中国石油一手单量为800元。在外汇交易中存在点值不同问题，不同的货币点值不同。所以，根据以上情况，固定单量看似简单，但是，后面还得需要注意很多地方的构成要素变动，是十分复杂的。

固定百分比单量

固定百分比单量配置方案也许是专业交易者使用最为普遍的一种资金管理策略。固定百分比单量配置方案要求交易者限定亏损额占账户余额的比例。交易者可以根据固定百分比计算交易的合同数量，即合同单量：

单量＝固定百分比×账户余额/交易的风险投入空间值

如果交易者有1万元的账户余额，并想将账户的风险限定为

2%，那么交易者的风险投入就是10000×2%等于200，交易的风险投入空间是交易者的入场价位到止损价位的距离。（多单风险投入空间：入场位价格减去止损位价格，假如入场价位在3100，止损价位在3000，止损空间就是3100-3000=100；空单风险投入空间则是止损价位减去入场价位。）最后得出来的单量：个人愿意投入的风险/个人实际要承担的风险空间，即200/100=2。

固定百分比单量配置方案力求实现交易亏损时减少单量、交易盈利时增加交易的单量。当交易亏损时，固定百分比要求交易者为此减少风险资金，因此需要减少交易单量（当本金从10000元亏损到9000元时，此时的2%则是180元，在相同的风险空间情况下，由于本金的减少，个人愿意投入的风险资金也在减少，所以相应的单量也在减小）；当交易盈利伴随着账户余额增长时，固定百分比同样在增加个人愿意投入的风险资金，因此需要扩大交易单量（当本金从10000元增值到12000元时，此时的2%则是240元，在相同的风险空间情况下，由于本金的增多，个人愿意投入的风险资金也在增加，所以相应的单量也在增加）。

专业交易者偏好固定百分比单量的主要原因是它十分有效地降低了交易者破产的风险。专业交易者并非执着于他们可以赚多少钱，而是他们能否最有效地对抗风险。凑巧的是，固定百分比单量正好能够有效地应对风险。

在每笔损失受限于账户余额的固定百分比时，一直亏损至账户余额为0时的亏损交易数量。例如，若将账户余额为0定义为破产点，而每笔交易账户余额的固定百分比风险为5%，在账户余额趋向于0或者破产之前，将会发生104笔连续亏损的交易。如果固定百分比风险为1%，则破产前需要发生528笔连续亏损合同。绝大多数专业交易者的交易风险小于1%。如果账户余额风险仅为0.5%，在账户余额亏损到0之前，需要1058笔连续亏损交易发生才能达到。

如果利用固定百分比单量的方式，并且能把风险比例限制到

2%，那么这能提供263（递减）个单位的资金。想一想，如果按固定百分比2%的风险投入作为单量计算依据的话，交易者想要破产也是有一定的难度的。试想，谁会有这么高的准确率，能连续亏263次？

所以在现实中，大多专业的交易者在交易带有杠杆性的标的时，单量都是利用账户资金的固定百分比的风险投入动态计算出来的。因为，在所有的资金管理确定单量的模式中，固定百分比单量是最科学的。

最后我们看一下固定单量和固定百分比单量两种方式的表现图（见图6和图7）。由于实际的风险空间是动态的，每次的固定单量投入是一样的，所以每次账户止损的金额也都是不一样的；固定百分比单量模式，是通过量化风险模式，把实际的风险空间都量化成一样的风险等分，单量却是为了服务量化风险而动态调整的。所以我们看到每次账户止损的幅度都是一样的，从这个角度来说在所有的资金管理确定单量的模式中，固定百分比单量是最客观和科学的。

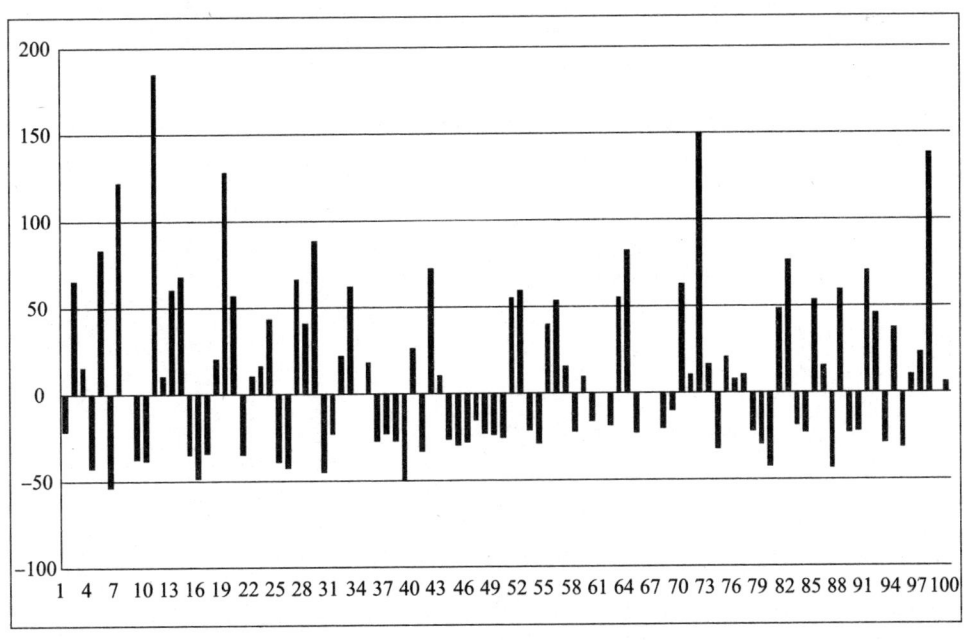

图6　固定单量的风险收益表示图

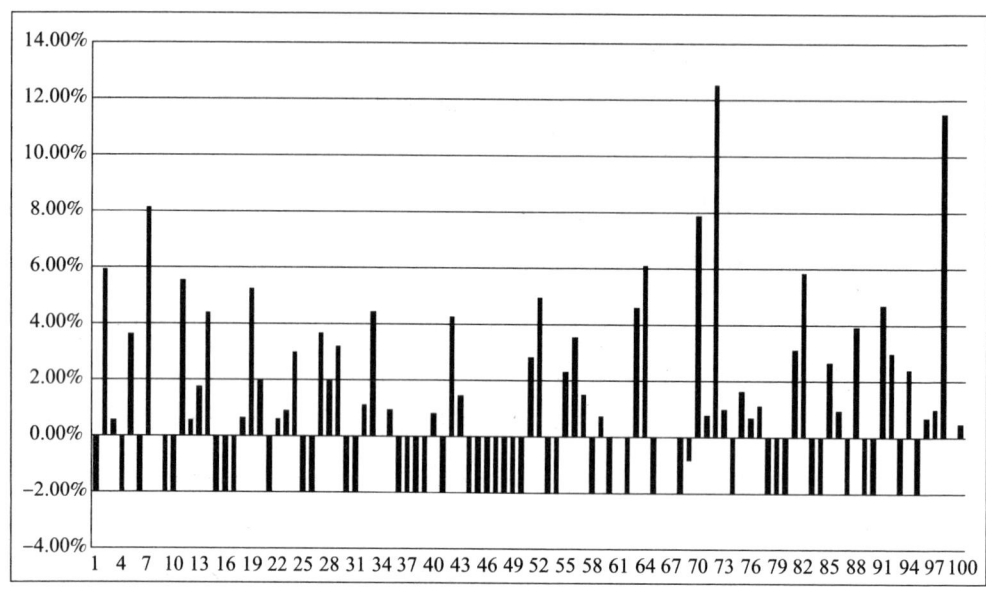

图7 固定百分比单量的风险收益表示图

3 入 场

（1）入场定义

入场，指的是交易者买入交易标的的行为，在特定的时间、以特定的价格买入标的物的交易行为。入场涉及买入标的物投入的资金即单量、买入标的物的时机即时间点，和买入的价格即成交价位，时间点和成交价位共同构成了交易者购买标的的入场位。市场交易行为中的入场所对应的是交易系统的最后一个步骤——退场，市场交易的目的是通过标的的买入和卖出来获得资本的增值，所以入场的目的最终是为了选择恰当的时机和价位再卖出标的，即实现了交易目的后的退出，也就是为了盈利出场。

交易行为映射交易者的心理，交易者的心理往往通过交易行为得以体现，入场体现了交易者具体的交易方法，交易者是趋势性的交易方法还是震荡性的交易方法，都体现在交易者的单量、入场和出场等行为及其结果上。

（2）确定入场位的方式方法

确定合理的交易时间和入场位有两个要点：

第一步，确定时间框架。交易者根据自身情况建立起适合自己的交易时间框架，只要在交易者发现的机会出现在其制定的交易框架内就是合理的时间。

第二步，辨别当前时间框架下的市场状态。辨别市场状态也是确定趋势的一个过程。趋势交易的难点就是辨别市场状态，大多数专业的交易者一致认为，趋势的转折点就是合理的入场价位。

是先确定入场还是先确定单量，存在一个鸡与蛋的关系，在具体的交易过程中到底谁在先谁在后实在难以真正界定。交易方法的逻辑行为肯定是先有单量配置方案再有入场。但是在交易者的成长过程,却是先有入场方案再有单量配置方案。任何交易者在选择入场机会或入场位时,都必然涉及单量配置方案的设计问题,单量配置方案设计问题又和资金管理有着密切的关系,最基本的关系也就是单量配置是资金管理最为重要的一部分内容,单量配置的方法也是资金管理的具体方法,它受资金管理理念的制约。

(3) 入场的理由

每个人都有自己做事的理由,面对交易,交易者也得自问这个问题:入场的理由是什么?交易者还需自问是否了解市场标的,是否了解风险,是否知道如何控制风险。交易者不是为了列出问题的清单,而是为了寻找这些问题的答案。只有正确回答了这一系列的问题,交易者才能避免冲动和盲目性,确保将交易置于理性、科学的交易理念、系统和方法的指导下。

所有的交易者都是为了实现交易的利益而选择入场,入场就是为了通过投资获取经济收益,为了在实现预期目标之后选择适当的时机而离场,任何交易者都不会将标的永远据为己有。交易者判断交易成功的标准不会是自己拥有多少标的,而是卖出标的后获得利润的多少,所有交易者最终都会在一定的交易周期结束后将入场买入的标的卖出离场。

(4) 入场中的趋势性交易

在不同交易系统的指导下,交易者往往会采取不同的交易策略、方案和具体的方法,从而在交易行为上表现出不同的特点,交易系统在交易者的入场行为上也会得到充分体现。交易方法一般分为客观交易方法和主观交易方法,判定交易方法的客观性和主观性主要源于看待市场状态的角度。在交易者眼里,市场状态存在有序和无序之分,也就是市场交易价格的波动看上去是否有规律。一般而言，能被交易者所理解和掌握的部分往往被认为是有规律性的，而价格波动杂乱无章往往被交易者看作是不具备规律性和复制性的。基本可以被交易者理解和把握的价格波动过程在交易者眼里就是趋势，根据可见的、可理解的或可把握的价格变动趋势进行交易就是趋势性交易。趋势性交易方法的核心是通过分析研判市场价格波动变化的规律，即找到市场的趋势，然后再根据趋势变化"规律"选择入场位进行交易，交易者以价格波动变化的趋势为轴心确定交易风险的安全边界。

趋势交易有三个非常重要的特点：

第一，趋势交易是最安全的交易方式。在所有交易方式中最安全的交易方式就是跟随趋势开展交易，相反地，逆趋势交易会让交易者处在云端和谷底，或者成为波段交易者。也不是说逆趋势交易或者波段交易行不通，因为确实有成功的例子。有些交易者就是逆趋势交易的。逆趋势交易需要更多的知识和经验，但相对来讲，趋势交易简单些。

第二，市场因趋势而运作。趋势能够被大多数交易者所认识到、观察到和把握，吸引交易者跟随趋势进行交易，随着大量单量资金的涌入或撤退，推动市场趋势的发展。趋势交易是所有利润的基础，所以趋势推动了市场的发展，从而成为一切利润的基础。交易者持有趋势交易的时间越长，赚取丰厚利润的潜力也越大。由于受制于市场当天的运作情势，日内交易者想获得巨大的成功很困难。趋势交易者持有交易的时间可以达到数周、数月甚至更长。

第三，趋势交易者是痛苦的。尽管趋势交易是最安全的交易方式，但也是最痛苦的交易方式之一。首先，在市场行情中，大趋势很少出现，这就导致了趋势交易的失败概率在60%左右。其次，趋势衰落时，会导致趋势交易连续亏损和可能存在的长期衰落时间。因此，趋势交易者60%左右的时间处于失败中。如果大家希望顺着趋势交易，就要准备好经受60%左右交易失败的痛苦和长期衰退的煎熬。

市面上分析判断趋势的工具有很多，大致可以分为两类，一是画线类的，另一是指标类的。画线类的是基于价格的相对高低点连接后展现出来的切线来表述趋势的状态的；指标类的一般都是利用价格带入一定的数学公式得来的一种根据市场状态发展动态调整的分析工具。两种类型的工具，我个人感觉是没有所谓的出众不出众，没有哪个比哪个更有效的。工具本身是没有任何价值的，赋予工具价值的是使用工具的人。所以，交易者适用哪种趋势工具来判断趋势的状态，这个主要是看交易者自身对工具的理解了。

（5）趋势性交易入场的方法

趋势交易有两种基本的入场方法，其一是趋势突破直接入场法，其二是趋势突破回调入场法，它们都是有效的。顺着上涨趋势在暴涨时交易，绝不要错过任何一个大势头，设置和运用大的止损空间；顺着趋势回调时交易，可能错过大势头，设置和运用小的止损空间。

趋势突破直接入场法可参见图8。在进入市场做多前，突破策略不会在上升趋势时要求交易者等待一个较小的回撤，他们会在突

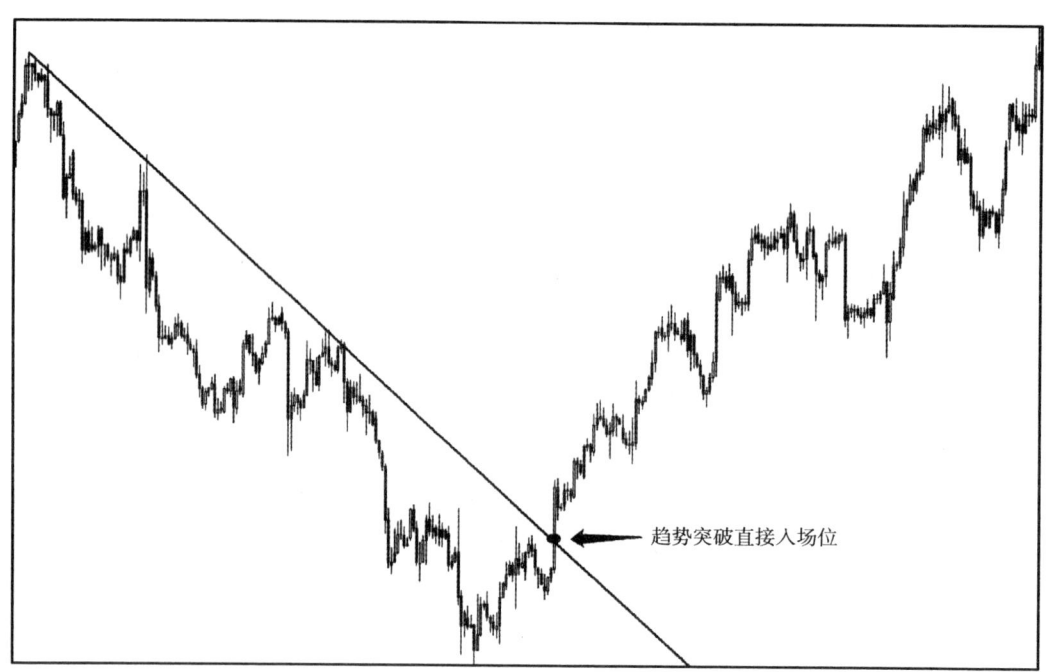

图8 趋势突破直接入场示意图

破上升趋势时高价买进，在刺穿下跌趋势时低价卖出（做空）。突破交易的优势在于交易者不会错过任何一次大的市场趋势，劣势在于突破趋势交易相对于回调趋势交易需要更大的止损空间。

趋势突破回调入场法可参见图9。趋势突破回调交易要求交易者在市场价格刚突破上升趋势时暂停或者经历一个回调，在下降趋势时刺穿趋势后在一个较小反弹的受阻位进入市场。趋势突破回调交易的一个劣势是，过于强势的市场趋势有时不能为交易者进入市场提供回调的机会，也就是交易者很难发现一个最佳入场位。趋势突破回调交易会错过一些大的市场趋势。然而，趋势突破回调交易方法的优势在于它确实允许交易者设置较小的初始止损空间。

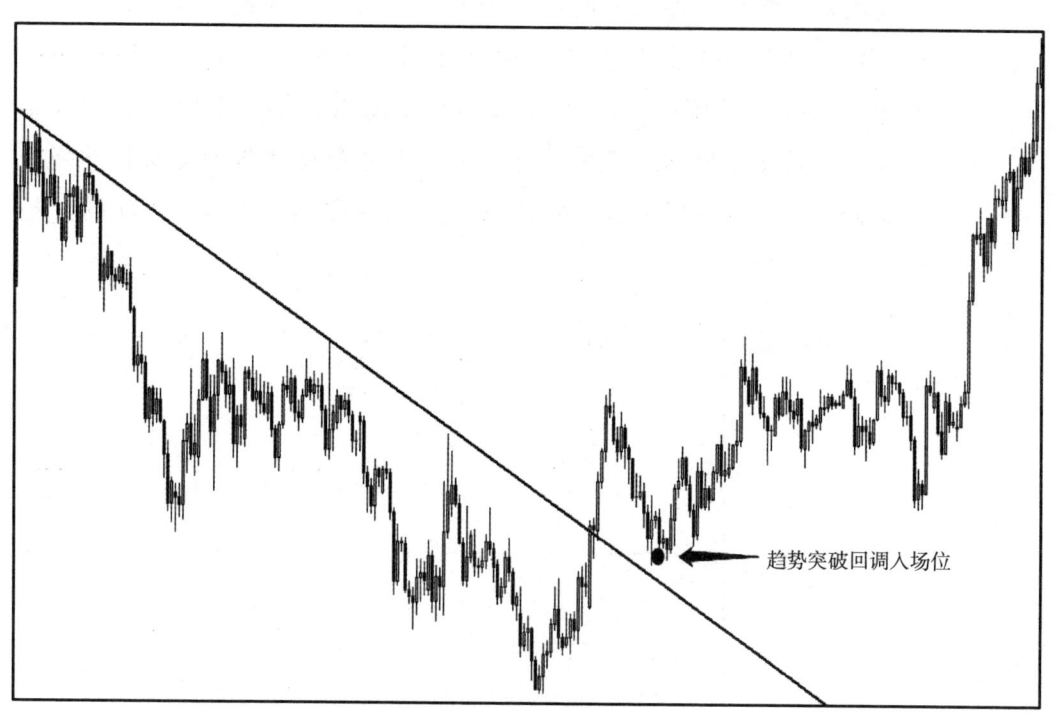

图9　趋势突破回调入场示意图

两种入场模式相比，趋势突破直接入场具有更大优势。客观来说，关于未来的行情到底是以爆拉式前进还是回调式前进没有人能确切把握。两种入场方法虽然各有优劣势，但是趋势回调入场很容易错过一些行情，这样就很难保证整个交易系统的概率有效性。

（6）入场后的结局

无论采用什么交易系统，无论设计什么样的入场策略和方案，所有入场都只有两种结果，一种是失败，一种是成功（见图10）。而交易者面对入场的结果也会采取相应的措施，等待观望、静等其变，或盈利选择退出，或割肉止损退出。从客观的角度来看，一个交易周期的起点是配置单量选择入场位进场，终点必然是离场退出。"退出"有两种方式，一个是失败的止损退出，一个是成功的盈利退出。所有交易者都清楚入场之后不是亏钱，就是赚钱，不会有第三种结果，但绝大多数交易者都固执己见，坚持认为赚钱是入场的最终结果。那么如何在入场失败的情况下客观、合理、有效地"截断亏损"，又如何在入场成功之后，客观、合理地"让利润奔跑"，这两个问题看似简单，却是让交易者纠结、难以解决的大难题，也是交易哲学的终极难题。很多交易者对这两个交易哲学终极难题深层次的逻辑和含义缺乏真切深刻的理解。所以，成功的交易者少之又少。

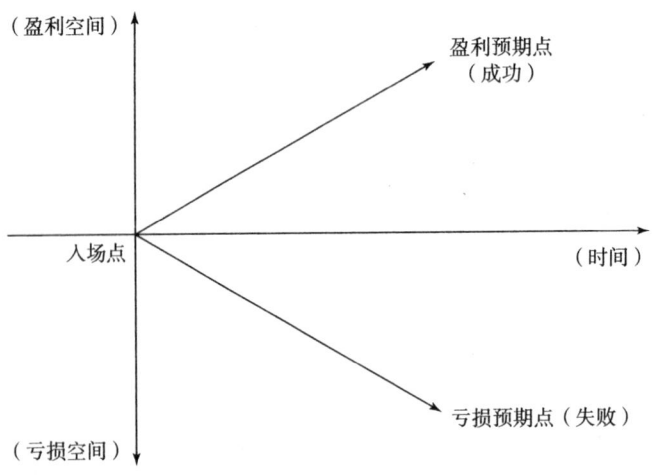

图10　入场后的结局示意图

4 止 损

（1）止损的定义

所有的交易者都抱着必胜的信心，携带交易资本，选择恰当的预期可以获利的入场位进入交易市场，但入场后的市场趋势可能并不会按照交易者的预判发展运行，风险成为现实，亏损出现具有相当高的概率，如何面对和处理亏损是考验交易者的难题。

对规避和防范交易风险要有一个重要的设置——止损，其目的是在投资失误时把损失限定在较小的范围内。止损俗称"割肉"，但不是非理性的自戕或自杀，割肉的目的是断腕求生。当投资出现的亏损达到交易者风险评估预定数额时，交易者及时斩仓出局退出，以避免造成更大的亏损。市场交易与赌博的一个重要区别就在于前者可通过止损把损失限制在一定的范围之内，同时又能够最大限度地获取成功的报酬，换言之，止损使得以较小代价博取较大利益成为可能。市场交易中无数"血的事实"表明，一次意外的投资错误足以致命，但止损能帮助交易者化险为夷避免错误投资带来的致命后果。

资产风险管理中的止损和交易系统行为中的止损的内容基本上一样，不过，资产风险管理中的止损的内容涉及止损的宏观性原因、意义、作用、影响和应对措施；交易系统行为中的止损的内容涉及的是微观层面的，是交易行为中的一个具体实施步骤或手段，指的是具体的行为内容和方法。

（2）止损设置的目的和作用

止损设置及其执行的目的首先就在于投资失误时把损失限定在

较小的范围内，防止价格偏离预期后造成更大的不确定损失。其次，止损可以防止交易者进入非理性状态，通过采取主动的措施把不确定的损失变为可接受范围内的损失。设置止损是风险控制的一部分，在入场前交易者必须确定当前交易所要承担多大风险，也就是量化风险，锁定风险。尽管分析市场的波动情况和预期潜在的利润非常重要，但所有的问题最终都以交易者可接受的风险为前提。

交易者在交易行为框架的指导下建立起一套投资完整的方案，通过这套方案在预判的价格波动趋势中实现投资预期收益，当标的价格波动偏离预期时，一般也就意味着趋势偏离了交易系统设置的价格波动标准，为了避免一连串亏损，交易者应该摒除固执己见的缺点，承认自我判断的失误，通过交易系统的止损设置立即止损——把自尊心完全从这场金钱游戏中排除。

不论你使用哪种交易系统，止损都是一种自我保护的关键设置和有力措施。当发现对行情误判后，止损将使交易者免于因保留亏损头寸而遭受更严重的损失，避免让交易者掉进一个可能越挖越深的亏损无底洞，从而最大可能地保留东山再起的实力。

亏损，尤其是连续的亏损很容易让交易者跌入非理性状态，痛苦和对财富损失的恐惧让悲观的情绪笼罩在交易者的心头，止损设置会自动把交易者从负面情绪状态拉回到客观现实中，从而促使交易者尽快摆脱不良心境，进入一种稳定、良好的心理状态。止损后，财富可能又到原点，也可能出现缩水，但是交易者将会冷静下来，能够重新进行理性的思考和判断，不会再因为头寸的"跌跌不休"而阻碍大脑的正常运转。

交易系统为了实现稳健的风险管理从而设置了止损点，止损是最简单又必不可少的工具之一，止损的时机和价位的设置就是止损点设置，其他更为复杂的风险管理都是建立在止损点设置这一基础之上。止损是成功的风险管理交易系统的必备要素，因为止损点一旦被触发，止损单就会变成平仓的市价单。止损设置要求交易者必须在交易前量化风险，并且习惯于在建仓后立即设置止损点。交易者无法完全掌握市场运行的趋势，在建仓后往往会随着趋势的起伏波动被贪婪与恐惧相互交织的情绪淹没，设置止损点也是为了在其不良和悲观情绪产生、进入到非理性状态之前，让风险管理建立在基于标准化的规则之上，使交易避免受交易者情绪的干扰，保证交易的客观性。因为止损设置是事先根据交易系统方案经过精心测算和理性思考设定的，它要把亏损限制成有限的亏损，不能够让亏损变成不可接受的范围，因而规定了只有在止损平仓时才被触发强制了结仓位，所以它排除了任何可能令交易者放弃执行交易系统的因素。

（3）不设止损的后果

赢家和输家首要且最大的区别是输家不肯认赔了结，其次是赢家在市场价格波动起伏不定的状态下能坚持拿住获利头寸，而输家却因接二连三的亏损坚持不住迟早在行情到来之前退出。而且输家往往无法长久坚持持有一个获利的仓位，他们会因为赢了一把就过度兴奋而过早获利了结退场。

"如果你不愿意接受亏损，你就赚不到钱，就像在呼吸中，你只吸气，不愿吐气一样。"如果交易没有亏损，交易者就没有承担风险。如果交易者没有承担风险，他就不会赚大钱。亏损并不是问题，问题是交易者如何应对它们。如果交易者事先没有根据风险管理系统设置止损点，对亏损采取毫无计划、盲目和视而不见的态度，那么亏损还会回来拜访他。趋势跟踪应对亏损的策略是截断亏损，这一明智做法能让交易者得以继续交易。

缺乏止损设置，一次糟糕的交易可能只是给交易者的账户凿个洞，但一连串糟糕的交易就等于为交易者设下了万丈深渊，它迟早会吞掉交易者账户里所有的资金。没有止损设置，在面对损失时也就无法触发止损机制，交易者持有错误头寸将妨碍他展开其他更好的交易——这和牙疼会占用比你预想的多得多的注意力一样，持续的亏损将严重影响交易者的投资活动，不利的市场局面、不利的标

的价格发展运行趋势将严重束缚交易者的投资活动,阻碍他再进行新的交易。持有亏损头寸不但损失了时间、金钱和机会,还会给心理承压能力较低的交易者带来无边的忧愁、焦虑和痛苦。

(4) 止损失败的主要原因

坚持客观交易系统的交易者和其他很多非系统交易者在很多方面都有不同。对坚持客观交易系统的交易者而言,坚持止损一定要坚如磐石,止盈和止损都依据系统给出的信号执行,系统交易者不需要整天看着行情,而其他非系统主观交易者却是不同的玩法,尽管也有止盈和止损,但如果市场给出有利信号,他们无法像客观系统交易者那样不为暂时的涨跌起伏所困扰,在面对价格起伏不定的变动时缺乏定力,面对看上去发展很好的趋势,他们可能坚决地持有标的,反之,一旦发现"趋势走衰",尽管价位还远远未达到真正的止损点位,他们就选择立即出局,从而丧失更大的盈利机会。

交易前,交易者需要认真分析价格图表,从而研判并确定市场不利于自己时出局的点位,这个决策应该尽可能遵循交易系统的客观要求。每次交易都需要保护性止损,但价格可能会在止损点上有跳空或止损时产生不利滑点,这可能会导致实际亏损大于预期的结果。尽管止损不是抵御风险完美的方法,但它是我们预防毁灭性打击仅有的最好方法。

趋势跟踪交易者知道,如果交易者不"割肉",他的损失可能会更大。交易者越是对暂时的损失、合理的损失斤斤计较,他的损失也就会变得越大,不设置止损,就会耽误更好的决策时机,损失可能会更加难以处理。交易者不愿采取止损的措施、不愿意接受损失的原因是,损失迫使我们承认自己错了,但人类天生有不喜欢承认错误的本性。

大多数的交易者仍在犯重复性的止损失误,其深层次上的原因是交易者缺少风险控制意识,缺乏对止损设置、操作原则的基本心理认识,更不用谈止损的具体方案和执行了。专业交易者的风险控制意识永远高于获利意识，而一般交易者的风险控制意识淡薄，利润最大化则是其追求的目标，不问趋势就敢于介入，至于止损，很多交易者根本就不愿多去考虑，都是跟着市场状态的变化随机而定。

怕输的心理导致交易者不能及时止损，因为他们觉得止损后浮动亏损就变成真实亏损，而不敢赢则导致交易者不能扩大利润，在缺乏止损机制和如此两种心理的支配下，长期下来，交易绩效自然非常不理想。那么，交易者应该如何处理这些问题呢？交易者对于自己的交易系统的盈利能力应该充满信心，要有客观的统计结果支持该系统，确定自己的系统在大多数情况下是可以盈利的。从交易的宏观角度正确地看待自己交易系统的盈利能力和可能出现的最大风险情况。

亏损的交易者大多在情感上难以容忍亏损的现实，认为套牢似乎不算真亏，在行动上表现得优柔寡断，大多数交易者在套牢初期虽然也认为有必要进行止损操作，但又总是抱着再等一等的心理，结果是市场价格逐波下跌，一次次地错失止损良机。某些交易者可能有这样的经历，即：某次止损操作之后，价格却又上涨起来，以至于错误地吸取了止损教训，从此不再进行止损操作。

止损后的交易者要善于克制自己急于补亏为盈的急躁心理，耐心地等待下一次的市场良机。在平常的交易中，当一个交易者判断失误时，明明知道应该严格控制风险，但是，在具体执行止损操作的那一刻，他的内心仿佛竖起了一堵无形的铜墙铁壁，阻止他向前迈出理智的一步。在天堂和地狱、成功和失败的分水岭，他开始犹豫不决，最终必然败下阵来。在交易中，没有人能逃避这一关的考验，只有跨过这一道坎，才能进入成功的彼岸，一旦你在关键时候退却，后面就是万丈深渊。

大多数交易者止损失败的主要原因是没有对整个的操作系统以及风险有一个合理的认识和规划。如果你刚刚已经把风险确定在非常安全的一个边界，那还会感到害怕吗？很多交易者止损失败是因为害怕止损，害怕"割肉"。比如有一万块钱，亏了5%，这就好比有两个手臂，被鳄鱼咬到一个之后，突然间要止损，唯一的办法是断臂求生，但是很多交易者面对这种问题的时候下不了决心，那么他面临的结局就是被鳄鱼吞掉。中毒也是一样，如果一只手指被毒蛇咬了，伤者需要当机立断地把手指给切断，但如果想去保护手指，到最后很有可能整个手臂都保不住，严重的话，还可能会有生命危险。断臂求生得需要多大的勇气，而且还要抓住一定的时效，抓住了时机就能保住，错过了最好的时机，很可能就保不住了。止损就像断臂一样，很多交易者不是不愿意止损，而是刚好被止损后，行情又回来了。当交易者看到行情回来之后就会捶胸顿足接受不了，他们想如果当时不止损，那么现在不仅不亏钱，还能赚钱，有很多交易者都有这样的经历，然后他们慢慢地就把止损给抛到脑后了。

很多交易者不止损而选择死扛，很多时候是能够扛回来的，但有的时候是扛不回来的。扛不回来的话，会对交易者有什么样的影响呢？一方面是账户灰飞烟灭；另一方面是对心理产生的压力不断增大。设置止损和不设置止损，其实对交易者都是有一定的影响的，一个是设置了止损刚好被打掉，那么对交易者的影响可能就是以后不设置止损了，还有就是设置止损了之后打掉了，之后行情确实进入下跌趋势，在这样一个情况下，他们可能会正确地认识到止损的重要性，那么以后他们就会设置止损。但是止损失败真正的原因是缺乏对设置止损的深度理解和认识。

设定止损价位的目的就是将损失控制在交易者能够承受的亏损范围之内，所以当市场价格跌到设定的止损价位时止损操作不能犹豫，应坚决止损卖出。适时止损可以有效避免更大的重创。到达交易系统设定的止损点后绝不应对市场日后的行情仍抱有幻想，否则必将影响交易者执行止损操作的决心。

（5）如何设置止损

设置止损的方法就是确立止损点的方法。止损的方式方法有很多，终极目的就是为了有效地控制风险。在实践过程中，根据止损的定义，止损是防止价格偏离预期之后所做的保护性措施。基于不同系统的止损设置，对同一标的给出的止损位置是不同的；同一交易系统下，不同交易对象、不同交易市场环境具有不同的特点，交易者应根据各种交易对象或者各种市场环境，设置不同的止损方案。

设置止损时，首先要设置一个止损方案，其次是确定止损点的位置。止损点是一种客观存在，不管交易者利用什么方法辨别市场状态，终究是可以看到价格偏离预期的临界点的位置，止损点就是在价格偏离预期的临界点的背面。例如，在趋势性交易里，不管界定趋势的标准是什么，止损就隐藏在交易者界定的这个趋势标准后面。

一般而言，止损设置的原则有百分比止损、固定金额止损、技术性止损这几类，所有的止损方法和止损方案都是建立在这些原则基础之上的，只有对止损原则有了深入了解，交易者才能够理解止损方法的运用。根据不同的前提条件，交易者的交易方法不同，设置止损的标准也不同，止损方法有很多，例如硬止损法、软止损法、移动止损法和抛物线止损法等。此外止损还有时间性止损和空间性止损两种方法。

时间性止损

时间性止损是指根据在预先设定的交易时间框架内的价格上涨或下跌的周期交替始末，来决定是否离场，从而实现止损设置控制交易风险的功能。设定时间周期的意义在于判断市场行情的演变是否与交易方向保持一致，从而理性把握交易的机会。交易是一种利用时机牟利的行为，当时机改变，行情发展方向与交易方向逆反的时候，交易将通过止损方式而中止，可能发生的亏损自然也被限制住。时间性止损的意义在于把每一单交易的亏损都控制在尽可能小的范围里，并且尽可能不去触发空间性止损。时间性止损实际上是控制交易的一个手段，并不一定在未来短时间内真的出现亏损，或许出现盈利也有可能。

空间性止损

空间性止损依靠设定价位止损来防范交易中可能出现的意外亏损风险，是交易者最基本的交易策略。空间性止损就是给出一个固定的价位空间，把可能的亏损限制在一定的范围之内。常用的止损指令有：初始止损、持平止损、追踪止损……这几种止损都属于空间性止损的方法。

空间性止损也叫图表止损，是最有效和最受欢迎的止损类型。它们基于重要的价格水平衍生出来的支撑和阻力水平、趋势线、通道、移动平均线或图表模式，例如：将止损放置在该水平之下或之上，如果该水平被突破，证明当前势头已经改变并且交易思路已经失效。

通常，应该通过查看图表向我们展示哪些是重要的技术水平来放置图表止损，而不是通过交易者可以承受多少损失来放置图表止损。因此，交易者应该结合价格图表技术分析和个人所能承受的损失来设置止损，当行情偏离预期后，快速退出市场。

我很想说生活是完美的，我祈盼交易者所做的每一笔交易都能达到预期的结果。我也盼望交易者永远不会经历遭受损失的痛苦，只有赚钱的喜悦。但现实永远具有残酷的一面，在交易市场，损失永远是每一个交易者生活的一部分。成功的交易者与失败的交易者之间的一个重要的区别就在于成功者懂得怎样控制损失，怎样使损失很小，将损失锁定在能容忍的范围内，而失败者则因缺乏完整的交易系统理论指导、理性投资方案、完善的资金管理方法、强烈的风险防控的意识、可行的止损设置的认识，在交易中放任损失裸奔，让损失不断扩大、资金不断缩水，直到损失开始控制交易者的情绪。交易是一种经济活动，与其他任何经济活动一样，它也需要保险保护它免遭无法预料的灾难的打击。交易者的主要的保险工具无非就是止损。但愿所有初入交易市场的每一位新手都能在交易的事业自始至终重视止损设置的重要性。

（6）止损与其他构成要素的关系

止损和入场的关系

止损和入场是一起确定量化风险的条件。止损是和资金管理配套结合辅助于交易方法的，是风险控制的一个手段，它也是实施资金管理方法的一个手段，交易者在设计单量的时候，需要设定一个止损位做配合以确定风险边界，之后才能够确定有效的资金管理。止损看似是一个孤立的构成要素，但在实际交易过程中，它和资金管理、风险控制是息息相关的，而且它与单量进行配套，结合交易方法一起协助整个交易系统的完善执行。

止损和退出的关系

任何一个入场交易的行为只有两个结果：一是止损退出；二是盈利退出。止损退出和盈利退出都是了结交易的行为，从行为逻辑上来看止损退出和盈利退出是平行关系。止损退出是防止市场价格偏离交易者预期后，防止损失进一步扩大的保护行为。止损退出的优势是能够有效地保护交易者陷入非理性和防止账户严重亏损。止损退出的劣势是止损退出把账户的浮动损失变成了实实在在的损失；盈利退出一般有盈利主动退出和盈利被动退出两种方式。盈利主动退出是交易者在单量入场出现盈利后，通过自身的经验、技巧、工具找到一个自认为合适的市场价位或者时间时获利了结出场的行为；盈利被动退出，多适用于趋势追踪交易者，在趋势技术分析中，上升趋势的条件是价格图表的波峰波谷是依次逐步提高的，如果价格图表没有按此条件延续则证明上升趋势终结，此时交易者需要利用止损在上升趋势出现转折位设置止损进行盈利被动退出。

浮动单量与止损的关系

考虑到市场交易中标的的波动性与止损点设置之间的关系，交易者永远不要孤立地看待止损，而应该考虑到止损与头寸规模的关系。也就是说，当标的波动性高时，我们将止损点设在远离建仓价的地方，但可以买卖的合约数量减小；而当标的波动性低时，我们将止损点设在靠近建仓价的地方，但在不违反风险管理原则的情况下，可以增加买卖的合约数量。

一旦建立了头寸的止损点，能亏的钱就只有那么多。不管交易者如何或何时进场交易，止损都将他的交易风险控制在一定范围内。无论在市场的新高还是新低入场，风险都是一样的。

5 退 出

（1）退出的定义

退出也叫平仓，在双向交易机制的市场中有卖空行为，它们的退出叫平仓。尽管正确买入是交易大师成功的关键，知道何时和怎样兑现利润可以使交易者知道何时买入所得到的利润最大化。太多的交易者不知道怎样才算足够，贪婪导致持有时间过长带来毁灭性的灾难。正确的退出是通向精通交易的最后一级阶梯，当交易者在一个个正确的机会实现正确的退出时，与专业交易员的距离也就越来越近了。

（2）退出的方法

交易行为逻辑步骤在单量、入场之后就是退出，退出分为两个方式，一个是失败的止损退出方式，一个是成功的盈利退出方式。由于止损在交易中具有无比的重要性，前文已经进行了比较详细的论述，因此，在这里只阐述盈利退出方式。盈利退出方式可以分为盈利主动退出和盈利被动退出。

盈利主动退出

盈利后根据市场行情达到交易者某种预期时，做盈利平仓处理称之为盈利主动退出。交易者在盈利后大多选择"落袋而安"，不管后期行情发展出现任何的趋势。盈利主动退出的优势是及早地锁定利润，防止利润的回吐。盈利主动退出的劣势是很容易错过爆发性的行情，因为行情的发展需要时间，而盈利主动退出却是提早离场了，所以后面的爆发性的利润就跟交易者没有关系了。

图11 盈利主动退出示意图

盈利被动退出

盈利后浮盈回撤达到市场价格的多空的临界点,而且这个界限位置也是最后被动盈利点的依据,交易者从而做出的平仓行为,这种行为被称为盈利被动退出。盈利被动退出的优势是交易者能够让盈利持续发展从而抓住大利润,盈利被动退出的劣势是很容易让盈利回吐或盈利的单子变成亏损的单子。

严谨、经验丰富的交易者在入场时就会设好出场点,随着时间的流逝,不断调整出场点以降低风险保护既有盈利。出场点只能朝一个方向调整,即顺从交易方向调整。如果做多,交易者可以维持出场点不动或上移出场点,但绝不能下移出场点;如果做空,交易者可以维持出场点不动或下移出场点,但绝不能上移出场点。

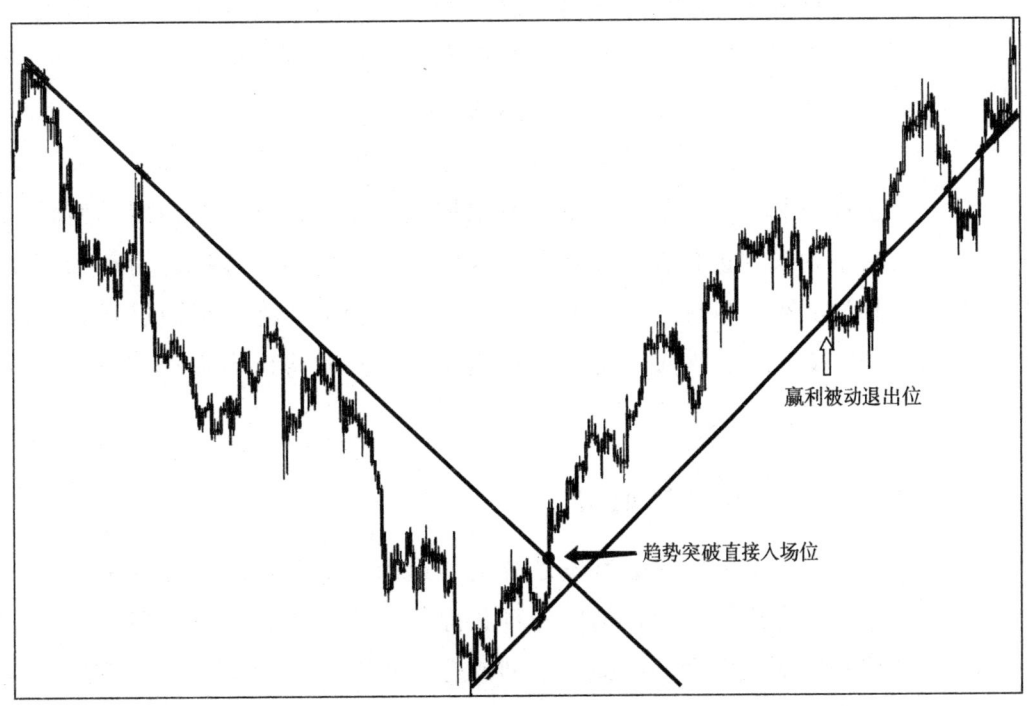

图12　盈利被动退出示意图

（3）提早退出的原因

交易系统的退出策略可能是整个系统中最难忍受的一个环节。交易者为什么会在一波趋势结束前提早离场，对大多数交易者来说，交易者提前离场要么是想尽快获得实际盈利，要么是担心可观的浮盈转眼变成巨额实际亏损。尽快兑现浮盈的想法会给交易者的精神带来极大的摧残，因为这样容易错过更高收益的机会。价格很少会直上直下断崖式波动，而是以趋势为中轴，在幅度比较狭窄的空间范围内波动。因此，要想抓住一次趋势，交易者必须允许价格偶尔向不利的方向变动。在趋势的初期，这往往意味着10%～30%的利润在眼前化为乌有，最后又反转为小小的损失。在趋势中期，交易者或许会眼睁睁地看着50%～80%的利润跌去三四成，在这样的情况下，放掉包袱、"锁定利润"的诱惑是很强大的。所以，交易者总有一种提早退出的强烈冲动。交易者对交易系统需要有极强的纪律性，才能坚守阵地，忍受利润的蒸发，直到抓住真正的大趋势。面对大的盈利，在交易中遵守纪律和法则的能力高低是判断交易者是否经验丰富、是否成熟的标志。

由于尽快兑现浮盈的想法、理念或思维方式会导致交易者过早平掉盈利头寸，那么交易者在根据交易系统建立正向预期模型时应将平仓规则包含在内，且这些规则的设置应基于市场行为动态而非预设的盈利目标。为了避免大额浮盈转变为实际亏损而过早获利离场，交易者应在市场走势与预期完全一致时将保本移动止损规则纳入正向预期模型中。

（4）标准化退出

不管是止损的退出还是盈利的退出，都得解决人性的束缚。止损退出会犹豫，会害怕，一旦犹豫了之后可能会亏损更多，把浮动的亏损变成更大的亏损；盈利的退出也会犹豫，退出后趋势接连攀升了会后悔。解决这些问题的唯一方法就是建立客观科学的退出标准，不管市场怎么发展，账户资金怎么波动，交易者都要按照符合设定的退出标准进行操作。

建立客观的退出标准对普通交易者来说极为困难，因为它需要对交易有一定高度的认知、理解和把握，只有交易者在对交易行为以及交易系统有深刻的认识之后才能找到属于自己的答案。一般最为客观的退出方法就是在交易者自己认定的时间框架下趋势发展发生转折时退出，利用价格回撤刺穿转折位的背面作为客观的退出依据。这样的话，所获得的收益就是随着市场行情变化的情况而变动，如果市场行情发展力度较大，相对应的退出收益就大；如果市场行情发展力度较小，相对应的退出收益也就少。

（5）影响标准化退出的因素

时间和耐心

事物的发展需要时间，等待事物发展的时间需要有耐心。

第四部分 交易系统

交易者取得成功需要一套客观的交易系统和耐心。耐心,看似不起眼,但是它却蕴含了所有的交易哲学。无法说清一套客观的系统或耐心究竟哪个最重要,但往往成功需要二者兼备、缺一不可。

心理对退出的影响

人们从情感上很难斩仓出局,但获利了结更难。如果交易者十分自律,能够严格按照交易系统设置的方案进行操作,在入场时就设好了止损位,就能自动接受小额亏损,获利退出也能做更多的思考。

如何处理账面盈利对于交易者来说是个大难题。当交易者计算着账面盈利,欲望丛生——继续持有就能赚更多。随后的市场转向会让交易者备感恐惧——赶紧在利润融化前兑现利润吧。情绪化的交易者无法做出理性的决策,这就是为什么大部分交易者都是截断利润,让亏损奔跑。账户有盈利时,害怕亏损的心理导致交易者担心市场会拿走他们的钱,迫使他们尽快平仓。账户发生亏损时,他们关注的是相反的信息——所有认为这个仓位会赚钱的信息。恐惧心理导致交易者不假思索地做出了轻率的行动。当交易者害怕面对某些市场信息时,恐惧心理就限制了他们的选择范围。如果他们在亏损时没有看到对他们不利的信息,那么他们就不会止损。如果他们总是认为市场会拿走他们的钱,那么持有盈利的仓位就不是一个好的选择。

如果交易者过早地获利了结,他会后悔自己没赚到该赚的利润。他决定下次一定要拿住,结果持仓时间过长,导致赔钱。如果交易者因为行情反转而没能抓住到手的利润,下次他就会先获利了结,结果错失主要行情。总之,市场的波动左右着交易者的情绪,让他来回折腾。受情绪影响而不能面对现实的交易者注定要赔钱。他可能会在这儿赚一点,那儿赚一点,但即使他的系统发出了很好的交易信号,最终也还是会输光。而贪婪和恐惧会蒙蔽交易者的心智,摧毁他们的理性。所以,交易成功的唯一办法是在坚守客观交易系统制定的方案下,运用交易的智慧。

"会买的是徒弟，会卖的是师父"这是流传在交易领域的一句箴言，可见在整个交易行为过程中退出的重要性。我们针对上千个交易者的交易记录进行分析得出结论：成功的交易者的行为表现为，截断亏损让利润奔跑（如图13所示）；那些失败的交易者的行为表现则是截断盈利让亏损奔跑（如图14所示）。

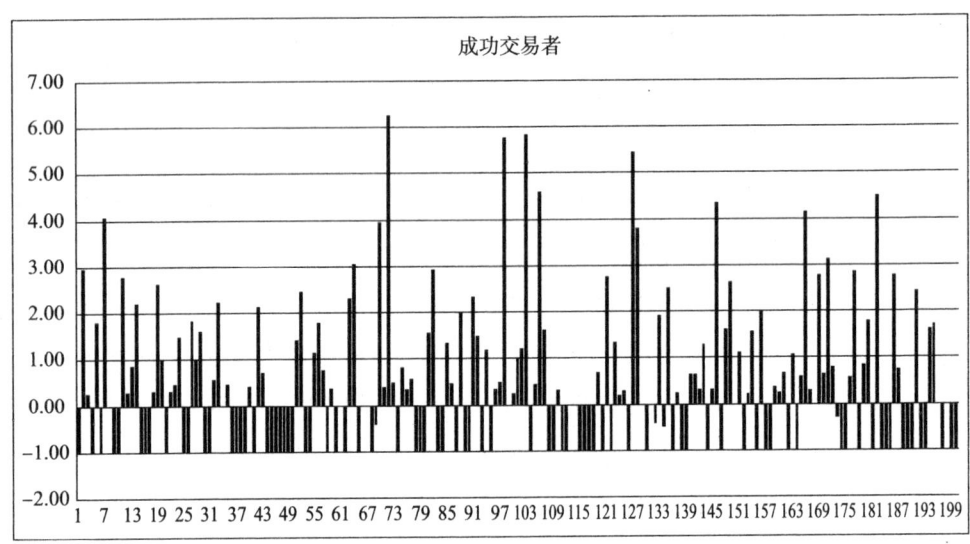

图13 成功交易者截断亏损让利润奔跑的行为表现

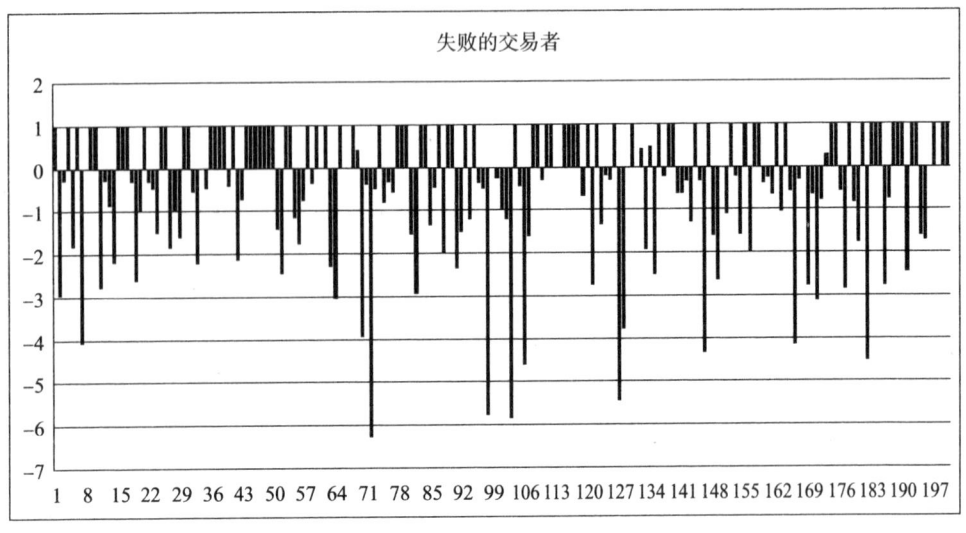

图14 失败交易者截断盈利让亏损奔跑的行为表现

持仓时数钱

　　交易者所犯的最糟糕的错误在于持仓时数钱。如果交易者忙于计算账面利润，想着能用这些钱买什么，那么，他已经失去了客观和理智。数钱会让交易者陷入困境，它干扰交易者做理性的交易。交易者在交易过程中不应该把目光放在数钱上，应该杜绝数钱的习惯，把目光放在行情的发展和趋势的转折点上，做出正确的交易行为，而不是着眼于眼前账户盈利的多少。交易做好了，钱自然就来了。如果只着眼于钱，而做出错误的交易行为，那么交易者将损失更多的钱。

6 交易系统的构建

（1）构建交易系统的过程

对交易系统构成的环节和要素的理解与认识都因人而异，所以说，没有一个完全固定的交易系统适合任何一个交易者，每个交易者都应该了解交易行为步骤中任何一个构成要素的本质，然后根据自身情况设计出适合自己的交易系统。在构建自己的交易系统时，往往沿着以下的步骤不断展开。

第一步，了解市场，确定适合自己的交易市场、交易标的，适合自己的时间框架和适合自己的市场规律。

交易者面对交易市场，首先要了解交易市场的机制和分类以及交易标的的市场特性。在了解交易市场之后，对表现在价格图表中的交易市场的构成要素——时间、空间、周期有客观的认识，任何一个市场都是由交易价格、时间以及它们的无限重复形成的周期组成的。了解了这些，就能更清晰地看待交易。找到一个适合自己的时间框架，然后根据市场状态的变化发现自己能看懂的市场潜在的规律，并利用自己的认知体系建立一套辨别市场状态的逻辑，也就是建立一套属于自己的交易方法来区分市场状态，这些能够被交易者区分的市场状态是动态的，周而复始出现的，交易者所要做的事情就是等待自己能够识别的市场状态的出现，执行交易，结束之后，等待下一次自己能够识别的市场状态出现。

第二步，了解风险、量化风险、控制风险。

在了解市场规则机制分类和市场状态，并形成自己的交易技术后，就要了解在特定市场规则机制下的风险种类和风险特性，认识风险，让自己的交易方法和市场风险管控方法实现融合，选择适合自己的交易市场和交易品种，使自己的交易方法适合交易市场的风险特性。必须了解当前面对的交易品种的风险的种类和特性，量化风险后，设定适合交易者自己的资金管理方案和风险控制的手段。

第三步，了解交易行为步骤单量、入场、止损和退出的本质。

任何交易行为都是由单量、入场、止损和退出组成的。交易者要对交易系统中的交易行为步骤的每个环节及其本质有清晰和深层的认识，从而确定每次下单合理的单量，找到合适自己的入场选择标准、止损标准和退出标准。通过对每一步骤、每一环节进行微观分析和设计，基本上就可以形成一个属于自己的交易系统。

第四步，对自己设计的交易系统要有清晰、完备、客观的认识。

当交易者找到一个清晰、完备、客观的交易系统后，要对交易系统有深入的认识，了解交易系统的优势和劣势，知道如何发挥交易系统的优势，如何规避交易系统的劣势。知道交易系统可能达到的预期收益和可能造成的预期风险是多少，大致知道交易系统的表现是一个什么情况，知道如何执行和保护交易系统的有效性。

以上就是交易中形成交易系统的大致逻辑步骤。

（2）构建交易系统的目的

在无尽的环境中，你越是没有规则，越是对自己不负责，意外事件就越能轻易地把你扫出市场，你就无法控制自己的生活。然而，规则越少，你就越容易推卸责任，你可以把责任推卸到其他无法确定的事物上面。这就是很多交易者非常迷信的原因。

在没有结构的无限环境中，自己制定规则来约束自己是很重要的。你要自己定义方向，否则各种可能性就太多了，你会感到不知所措。如果没有自己的规则，最大的可能性就是严重亏损。如果你制定了规则并决定按照自己的规则交易，你还要对你的交易和结果负全责，这是一个很大的心理问题。你越是愿意自己承担责任，你就越不会怪罪市场，就越不会成为市场的猎物。

构建交易系统的目的第一是要消除交易中的主观随意性，可以

减少下单前的恐惧。建立系统的目的是要在交易的过程中按照规则来做,这个规则是完全按照我们的交易理念来制定的,并且是能够贯彻的可执行的,这样的交易至少是一种我们认为是正确的交易。第二是保证交易策略的有效性。第三是有效地控制交易风险。

构建交易系统的目的是使我们的交易理性化、正确化,杜绝感性和盲目。这需要严格的纪律性。当具有完备的交易系统之后,对不同的交易者而言,如果结果是不同的,那就不是交易系统本身的问题,是交易者个体的差距造成的,具体来说就是交易者的纪律性不同造成的。对系统的正确执行是迈向稳定盈利的必经之路,没有纪律性,受情绪和外界影响而导致行为违背了交易系统,即使短期有盈利,长期也是失败的。违背了交易系统本身就是违背了交易的理性系统化。

好的交易系统是完全客观的、标准化的交易系统,也就是说如果两个不同的交易者使用同一个交易系统,他们将得到相同的入场价、出场价和交易头寸。主观交易者的决策也牵扯到入场价、出场价和交易头寸的问题,但是在具体使用的时候又会有部分程度的灵活性。

交易者成功的关键因素是每个人都有一个适合自己的交易系统。再推进一步,除非对自己有一定的了解,否则交易者就无法设计一个适合自己的系统。成功交易的秘诀之一就是找到一个适合自己的系统。

最好的交易系统是简朴而扎实的,它的构造要素很少。系统越复杂,越容易出错。很多交易者喜欢用历史数据来优化系统,扎实的系统能经受住市场的变化,反之过于优化的系统很可能经不起实际交易的考验。最后,当你设计出一套好系统后,最好不要改来改去。如果你想要修补这套系统,那就另外再设计一套好了。大多数交易者手里拿着一套好系统,但为了改造出一套完美的系统结果却摧毁了它。

要运用正向预期模型实现成功的交易,必须具备处变不惊的心态。成功的交易者不会在意单笔交易的结果，而是会始终坚持正向预期模型和完善的风险管理方法。对模型缺乏信心是导致交易者失去耐心最终打破交易纪律的常见原因之一。系统交易者利用的是市场会重演这一特性，当然，好的系统交易者知道市场不会简单地重复过去。衡量一个交易系统好坏的依据是系统的稳健性，在市场条件改变的情况下它依然保持合理的状态。

系统越好，交易对人的依赖性就越小。正因为有优秀的系统才使这一切成为可能。

交易系统的一个最基本含义，要求交易者必须要根据交易系统所规定的程序、规则去做任何一单交易。你可以使用一些软件来辅助交易，或是自己写一个交易程序，这都没有任何问题，但是在每一单交易的执行过程中，绝不允许你在交易系统上做任何改变，加入任何自我通融的理由，你不能临时找个理由把你原来确定的程序、规则改变了。你一定要保持交易系统的一致性和连贯性。

不论做什么事情，都需要内功和外功。举个例子，别人完成了一个舞蹈，其实它没有多少个动作，你想要把这套动作学完。那个人教你，教完了之后，你的协调性和柔韧性能够非常好地展现出来吗？不能！它需要有很好的基本功，也就是内功的沉淀，但这个沉淀大家看不出来。假如你练了五年的舞蹈，也有基本功，然后别人教了你一个非常吸引人的舞蹈，因为你有基本功，学会他的动作，再磨炼几下，基本上就可以把这个舞蹈较好地展现出来了。不管任何一个东西，首先你要找到一套规律，接下来不停地进行单调的复制，必须弄明白怎么样发现规律，当发现了规律又怎么样去运用规律。

成功的交易者对于自己的交易系统的盈利能力应该充满信心，因为他所使用的交易系统有客观统计结果的支撑，确定自己的系统在大多数情况下是可以盈利的。从交易的宏观角度正确看待自己交易系统的盈利能力和可能出现的最大风险情况。

交易事业的成功不意味着成功完成一两笔交易。任何人在任何时刻都能做到这一点，这不是一个靠运气就能成就的事业。交易的精髓是持续地做正确的事情——不会脱离正确的轨道，不会因为最近的亏损而感到沮丧，也不会因为连续几次交易盈利就飘飘然。我更感兴趣的是交易这门艺术的职业特点，而不是过去的几笔交易。每个人都会在板子上钉钉子，但是这跟盖房子是两码事，要盖好一栋房子，不仅需要钉钉子这样的小技巧，更需要制订计划，有实施及完成计划的意愿，有遇到任何困难都不间断的能力。

第五部分
对交易系统的理解

交易是一个制定标准并执行这个标准的过程

第五部分 对交易系统的理解

 1 交易系统数据分析

交易者找到一个清晰、完备、客观的交易系统后，必须花费一定的时间和精力对交易系统进行深入的认识了解，弄清交易系统的表现情况，分析交易系统的优势和劣势，了解运用交易系统可能达到的预期收益和可能造成的预期风险，探寻发挥交易系统优势、规避交易系统劣势的方法，制订适合自己的交易方案，以此保护和提高执行交易系统的有效性。

我将我所设计的一套客观的交易系统（我将其命名为少林高僧智能交易系统，本系统已获得中华人民共和国国家版权局计算机软件著作权登记证书）一年的收益情况收集罗列出来进行分析可以得出系统表现的结果。之所以选择一年的时间，是因为观察一个交易系统的表现，交易周期较短无法反映价格波动形态的全貌，不对价格变动起伏、趋势兴衰进行全过程研究，对趋势发展的认识的结论肯定会有片面性，归纳推理必须尽可能多地掌握事物的信息才能有效通过局部的研究推导出对事物全貌的科学的认识，用一小部分市场行情状态的表现形式就确定交易系统的长期和远景效果是不科学的。决定交易系统表现的直接因素是市场状态，但市场状态在价格上下波动的过程中的表现是千变万化的，每个交易者都试图在千变万化的市场状态中建立起一套客观、理性的方法体系，但所有的方法体系在千变万化的市场状态中都会有失灵的现象，因为所有的交易系统都是通过对市场交易研究形成的一种概观性认识，在大多数情况下具有极高的效用，可以帮助交易者提高盈利的概率，它属于"道"的范畴，而具体的应用操作层面，需要在"道"的规范下采用不同的"术"解决实际问题，否则在运用操作系统时张冠李戴很容易带来灾难性的后果，这也就是大多数交易者调侃的一句话："趋势型交易者往往死在市场震荡的时

候，震荡型的交易者往往死在了市场趋势发展的时候。"

要客观观察一个交易系统的表现，在处理交易的历史数据时，需要观察两个以上的市场兴衰交替周期，因为周期越长，包含导致风险和盈利的因素就越多，分析才能更全面周密，得出的结论才更加严谨，才有较有力的说服力和更强的权威性，只有这样才能够看清楚当交易系统面临风险时最大的风险回撤空间和回撤时间以及当交易系统盈利的时候，具体的盈利表现情况。

少林高僧智能交易系统在一整年时间里的表现如表1所示。

表1　交易系统效果长期表现

时间	起始资金	投入2%	止损点数	单量（手数）	获利点数	盈亏比	获利金额	获利幅度
01.03 00:20	10,000.00	200.00	21	0.95	−21	−1.00	−200.00	−2.00%
01.03 14:05	9,800.00	196.00	22	0.89	65	2.95	579.09	5.91%
01.04 08:10	10,379.09	207.58	55	0.38	15	0.27	56.61	0.55%
01.05 03:15	10,435.70	208.71	42	0.50	−42	−1.00	−208.71	−2.00%
01.05 21:20	10,226.99	204.54	46	0.44	83	1.80	369.06	3.61%
01.06 17:35	10,596.05	211.92	53	0.40	−53	−1.00	−211.92	−2.00%
01.09 15:10	10,384.13	207.68	30	0.69	122	4.07	844.58	8.13%
01.10 22:30	11,228.71	224.57	53	0.42	0	0.00	0.00	0.00%
01.11 14:05	11,228.71	224.57	37	0.61	−37	−1.00	−224.57	−2.00%
01.11 21:50	11,004.13	220.08	38	0.58	−38	−1.00	−220.08	−2.00%
01.12 00:25	10,784.05	215.68	67	0.32	185	2.76	595.54	5.52%
01.13 14:10	11,379.59	227.59	35	0.65	10	0.29	65.03	0.57%
01.14 01:20	11,444.61	228.89	69	0.33	60	0.87	199.04	1.74%
01.16 22:30	11,643.65	232.87	31	0.75	68	2.19	510.82	4.39%
01.18 22:30	12,154.47	243.09	35	0.69	−35	−1.00	−243.09	−2.00%
01.19 12:45	11,911.38	238.23	48	0.50	−48	−1.00	−238.23	−2.00%
01.19 16:50	11,673.15	233.46	34	0.69	−34	−1.00	−233.46	−2.00%
01.20 03:35	11,439.69	228.79	64	0.36	20	0.31	71.50	0.63%
01.20 21:35	11,511.19	230.22	49	0.47	128	2.61	601.40	5.22%
01.23 23:15	12,112.59	242.25	57	0.43	57	1.00	242.25	2.00%
01.24 21:45	12,354.84	247.10	35	0.71	−35	−1.00	−247.10	−2.00%
01.25 08:50	12,107.74	242.15	33	0.73	10	0.30	73.38	0.61%
01.26 03:55	12,181.12	243.62	35	0.70	16	0.46	111.37	0.91%
01.27 08:40	12,292.49	245.85	29	0.85	43	1.48	364.54	2.97%

续表

时间	起始资金	投入2%	止损点数	单量（手数）	获利点数	盈亏比	获利金额	获利幅度
01.28 00:15	12,657.03	253.14	39	0.65	−39	−1.00	−253.14	−2.00%
01.30 14:15	12,403.89	248.08	42	0.59	−42	−1.00	−248.08	−2.00%
01.31 19:50	12,155.81	243.12	36	0.68	66	1.83	445.71	3.67%
02.01 19:45	12,601.52	252.03	41	0.61	41	1.00	252.03	2.00%
02.02 00:25	12,853.55	257.07	55	0.47	88	1.60	411.31	3.20%
02.03 09:15	13,264.87	265.30	45	0.59	−45	−1.00	−265.30	−2.00%
02.03 20:35	12,999.57	259.99	23	1.13	−23	−1.00	−259.99	−2.00%
02.03 21:35	12,739.58	254.79	40	0.64	22	0.55	140.14	1.10%
02.06 19:05	12,879.71	257.59	28	0.92	62	2.21	570.39	4.43%
02.07 23:55	13,450.10	269.00	36	0.75	0	0.00	0.00	0.00%
02.08 09:35	13,450.10	269.00	38	0.71	18	0.47	127.42	0.95%
02.09 17:40	13,577.52	271.55	27	1.01	−27	−1.00	−271.55	−2.00%
02.09 22:40	13,305.97	266.12	23	1.16	−23	−1.00	−266.12	−2.00%
02.11 00:00	13,039.85	260.80	27	0.97	−27	−1.00	−260.80	−2.00%
02.11 02:10	12,779.06	255.58	50	0.51	−50	−1.00	−255.58	−2.00%
02.11 03:10	12,523.47	250.47	65	0.39	26	0.40	100.19	0.80%
02.13 21:00	12,623.66	252.47	33	0.77	−33	−1.00	−252.47	−2.00%
02.14 16:50	12,371.19	247.42	34	0.73	72	2.12	523.96	4.24%
02.15 15:00	12,895.15	257.90	14	1.84	10	0.71	184.22	1.43%
02.16 14:45	13,079.36	261.59	26	1.01	−26	−1.00	−261.59	−2.00%
02.16 21:30	12,817.77	256.36	30	0.85	−30	−1.00	−256.36	−2.00%
02.17 07:50	12,561.42	251.23	28	0.90	−28	−1.00	−251.23	−2.00%
02.20 08:05	12,310.19	246.20	15	1.64	−15	−1.00	−246.20	−2.00%
02.20 16:25	12,063.99	241.28	23	1.05	−23	−1.00	−241.28	−2.00%
02.22 03:55	11,822.71	236.45	24	0.99	−24	−1.00	−236.45	−2.00%
02.22 14:15	11,586.25	231.73	25	0.93	−25	−1.00	−231.73	−2.00%
02.23 08:40	11,354.53	227.09	39	0.58	55	1.41	320.26	2.82%
02.24 11:45	11,674.78	233.50	24	0.97	59	2.46	574.01	4.92%
02.27 13:45	12,248.79	244.98	21	1.17	−21	−1.00	−244.98	−2.00%
02.27 22:25	12,003.82	240.08	29	0.83	−29	−1.00	−240.08	−2.00%
02.28 08:55	11,763.74	235.27	35	0.67	40	1.14	268.89	2.29%
03.02 05:50	12,032.63	240.65	30	0.80	53	1.77	425.15	3.53%

续表

时间	起始资金	投入2%	止损点数	单量(手数)	获利点数	盈亏比	获利金额	获利幅度
03.03 15:55	12,457.78	249.16	20	1.25	15	0.75	186.87	1.50%
03.06 13:20	12,644.65	252.89	22	1.15	-22	-1.00	-252.89	-2.00%
03.06 19:10	12,391.75	247.84	25	0.99	9	0.36	89.22	0.72%
03.07 13:09	12,480.97	249.62	16	1.56	-16	-1.00	-249.62	-2.00%
03.07 16:57	12,231.35	244.63	24	1.02	0	0.00	0.00	0.00%
03.08 06:20	12,231.35	244.63	19	1.29	-19	-1.00	-244.63	-2.00%
03.08 15:41	11,986.73	239.73	24	1.00	55	2.29	549.39	4.58%
03.09 08:05	12,536.12	250.72	27	0.93	82	3.04	761.45	6.07%
03.13 08:05	13,297.57	265.95	23	1.16	-23	-1.00	-265.95	-2.00%
03.13 15:50	13,031.62	260.63	30	0.87	0	0.00	0.00	0.00%
03.15 04:15	13,031.62	260.63	29	0.90	0	0.00	0.00	0.00%
03.15 20:30	13,031.62	260.63	20	1.30	-20	-1.00	-260.63	-2.00%
03.16 21:13	12,770.99	255.42	25	1.02	-10	-0.40	-102.17	-0.80%
03.17 13:50	12,668.82	253.38	16	1.58	63	3.94	997.67	7.88%
03.20 21:20	13,666.49	273.33	26	1.05	10	0.38	105.13	0.77%
03.21 17:30	13,771.62	275.43	24	1.15	150	6.25	1,721.45	12.50%
03.23 12:55	15,493.07	309.86	33	0.94	16	0.48	150.24	0.97%
03.24 03:10	15,643.31	312.87	32	0.98	-32	-1.00	-312.87	-2.00%
03.24 16:15	15,330.44	306.61	25	1.23	20	0.80	245.29	1.60%
03.28 09:10	15,575.73	311.51	24	1.30	8	0.33	103.84	0.67%
03.29 13:35	15,679.56	313.59	18	1.74	10	0.56	174.22	1.11%
03.30 03:55	15,853.78	317.08	22	1.44	-22	-1.00	-317.08	-2.00%
03.30 13:10	15,536.71	310.73	30	1.04	-30	-1.00	-310.73	-2.00%
03.30 21:25	15,225.97	304.52	42	0.73	-42	-1.00	-304.52	-2.00%
3.31 13:20	14,921.45	298.43	31	0.96	48	1.55	462.08	3.10%
04.03 17:50	15,383.54	307.67	26	1.18	76	2.92	899.35	5.85%
04.05 06:25	16,282.88	325.66	19	1.71	-19	-1.00	-325.66	-2.00%
04.05 09:00	15,957.22	319.14	23	1.39	-23	-1.00	-319.14	-2.00%
04.06 02:40	15,638.08	312.76	40	0.78	53	1.33	414.41	2.65%
04.07 02:30	16,052.49	321.05	32	1.00	15	0.47	150.49	0.94%
04.07 20:35	16,202.98	324.06	43	0.75	-43	-1.00	-324.06	-2.00%
04.10 14:10	15,878.92	317.58	30	1.06	59	1.97	624.57	3.93%

续表

时间	起始资金	投入2%	止损点数	单量(手数)	获利点数	盈亏比	获利金额	获利幅度
04.12 20:15	16,503.49	330.07	23	1.44	−23	−1.00	−330.07	−2.00%
04.12 22:20	16,173.42	323.47	22	1.47	−22	−1.00	−323.47	−2.00%
04.13 03:10	15,849.95	317.00	30	1.06	70	2.33	739.66	4.67%
04.14 00:40	16,589.62	331.79	31	1.07	46	1.48	492.34	2.97%
04.17 22:40	17,081.95	341.64	29	1.18	−29	−1.00	−341.64	−2.00%
04.18 11:35	16,740.32	334.81	31	1.08	37	1.19	399.61	2.39%
04.20 00:10	17,139.92	342.80	31	1.11	−31	−1.00	−342.80	−2.00%
04.21 05:05	16,797.12	335.94	29	1.16	10	0.34	115.84	0.69%
04.24 15:05	16,912.97	338.26	48	0.70	23	0.48	162.08	0.96%
04.25 08:10	17,075.05	341.50	24	1.42	138	5.75	1,963.63	11.50%
04.27 08:50	19,038.68	380.77	50	0.76	0	0.00	0.00	0.00%
04.28 06:00	19,038.68	380.77	25	1.52	6	0.24	91.39	0.48%
04.29 04:50	19,130.07	382.60	27	1.42	27	1.00	382.60	2.00%
05.01 23:45	19,512.67	390.25	33	1.18	40	1.21	473.03	2.42%
05.03 08:40	19,985.70	399.71	12	3.33	70	5.83	2,331.67	11.67%
05.05 07:35	22,317.37	446.35	25	1.79	−25	−1.00	−446.35	−2.00%
05.05 18:45	21,871.02	437.42	29	1.51	13	0.45	196.09	0.90%
05.08 20:35	22,067.10	441.34	30	1.47	138	4.60	2,030.17	9.20%
05.10 13:15	24,097.28	481.95	23	2.10	37	1.61	775.30	3.22%
05.11 15:35	24,872.58	497.45	19	2.62	−19	−1.00	−497.45	−2.00%
05.12 01:43	24,375.13	487.50	50	0.98	−50	−1.00	−487.50	−2.00%
05.15 07:00	23,887.63	477.75	23	2.08	7	0.30	145.40	0.61%
05.16 16:20	24,033.03	480.66	30	1.60	−30	−1.00	−480.66	−2.00%
05.17 16:16	23,552.37	471.05	32	1.47	−32	−1.00	−471.05	−2.00%
05.18 15:30	23,081.32	461.63	40	1.15	0	0.00	0.00	0.00%
05.19 08:18	23,081.32	461.63	45	1.03	0	0.00	0.00	0.00%
05.23 16:41	23,081.32	461.63	27	1.71	−27	−1.00	−461.63	−2.00%
05.24 10:05	22,619.70	452.39	26	1.74	−26	−1.00	−452.39	−2.00%
05.24 15:01	22,167.30	443.35	21	2.11	−21	−1.00	−443.35	−2.00%
05.24 16:05	21,723.96	434.48	23	1.89	−23	−1.00	−434.48	−2.00%
05.25 02:00	21,289.48	425.79	28	1.52	19	0.68	288.93	1.36%
05.25 19:55	21,578.41	431.57	25	1.73	−25	−1.00	−431.57	−2.00%

续表

时间	起始资金	投入2%	止损点数	单量（手数）	获利点数	盈亏比	获利金额	获利幅度
05.25 23:32	21,146.84	422.94	19	2.23	52	2.74	1,157.51	5.47%
05.29 05:05	22,304.35	446.09	24	1.86	-24	-1.00	-446.09	-2.00%
05.29 12:48	21,858.26	437.17	21	2.08	28	1.33	582.89	2.67%
05.30 21:31	22,441.15	448.82	30	1.50	6	0.20	89.76	0.40%
05.31 13:40	22,530.91	450.62	34	1.33	10	0.29	132.53	0.59%
06.02 03:21	22,663.45	453.27	24	1.89	-24	-1.00	-453.27	-2.00%
06.02 15:52	22,210.18	444.20	18	2.47	98	5.44	2,418.44	10.89%
06.05 14:52	24,628.62	492.57	23	2.14	87	3.78	1,863.21	7.57%
06.07 07:30	26,491.83	529.84	25	2.12	0	0.00	0.00	0.00%
06.07 23:30	26,491.83	529.84	30	1.77	-30	-1.00	-529.84	-2.00%
06.08 12:50	25,961.99	519.24	16	3.25	0	0.00	0.00	0.00%
06.09 00:30	25,961.99	519.24	37	1.40	-15	-0.41	-210.50	-0.81%
06.10 00:35	25,751.49	515.03	32	1.61	61	1.91	981.78	3.81%
06.13 19:05	26,733.27	534.67	21	2.55	-10	-0.48	-254.60	-0.95%
06.14 20:30	26,478.66	529.57	20	2.65	50	2.50	1,323.93	5.00%
06.15 15:05	27,802.60	556.05	29	1.92	-29	-1.00	-556.05	-2.00%
06.19 06:20	27,246.54	544.93	22	2.48	5	0.23	123.85	0.45%
06.20 19:45	27,370.39	547.41	16	3.42	-16	-1.00	-547.41	-2.00%
06.20 21:45	26,822.98	536.46	28	1.92	-28	-1.00	-536.46	-2.00%
06.21 18:50	26,286.53	525.73	16	3.29	10	0.63	328.58	1.25%
06.22 17:00	26,615.11	532.30	16	3.33	10	0.63	332.69	1.25%
06.23 08:15	26,947.80	538.96	25	2.16	8	0.32	172.47	0.64%
06.27 18:55	27,120.26	542.41	33	1.64	42	1.27	690.33	2.55%
06.28 13:05	27,810.60	556.21	15	3.71	-15	-1.00	-556.21	-2.00%
06.28 17:30	27,254.38	545.09	31	1.76	10	0.32	175.83	0.65%
06.29 14:05	27,430.22	548.60	15	3.66	65	4.33	2,377.29	8.67%
06.30 08:15	29,807.50	596.15	33	1.81	-33	-1.00	-596.15	-2.00%
06.30 13:50	29,211.35	584.23	25	2.34	40	1.60	934.76	3.20%
07.03 10:00	30,146.12	602.92	35	1.72	92	2.63	1,584.82	5.26%
07.04 16:00	31,730.94	634.62	44	1.44	0	0.00	0.00	0.00%
07.05 12:20	31,730.94	634.62	28	2.27	31	1.11	702.61	2.21%
07.06 08:00	32,433.56	648.67	26	2.49	-26	-1.00	-648.67	-2.00%

续表

时间	起始资金	投入2%	止损点数	单量（手数）	获利点数	盈亏比	获利金额	获利幅度
07.06 13:20	31,784.88	635.70	23	2.76	5	0.22	138.20	0.43%
07.07 03:00	31,923.08	638.46	23	2.78	36	1.57	999.33	3.13%
07.10 21:35	32,922.41	658.45	12	5.49	−12	−1.00	−658.45	−2.00%
07.11 08:00	32,263.96	645.28	10	6.45	20	2.00	1,290.56	4.00%
07.12 18:30	33,554.52	671.09	17	3.95	−17	−1.00	−671.09	−2.00%
07.13 01:45	32,883.43	657.67	40	1.64	−40	−1.00	−657.67	−2.00%
07.13 15:05	32,225.76	644.52	27	2.39	10	0.37	238.71	0.74%
07.17 15:05	32,464.47	649.29	20	3.25	5	0.25	162.32	0.50%
07.18 03:30	32,626.79	652.54	32	2.04	21	0.66	428.23	1.31%
07.19 05:55	33,055.02	661.10	20	3.31	−20	−1.00	−661.10	−2.00%
07.19 14:10	32,393.92	647.88	19	3.41	20	1.05	681.98	2.11%
07.20 08:00	33,075.90	661.52	18	3.68	−18	−1.00	−661.52	−2.00%
07.20 19:20	32,414.38	648.29	26	2.49	15	0.58	374.01	1.15%
07.21 10:05	32,788.39	655.77	20	3.28	83	4.15	2,721.44	8.30%
07.25 10:10	35,509.83	710.20	17	4.18	5	0.29	208.88	0.59%
07.26 11:55	35,718.71	714.37	19	3.76	0	0.00	0.00	0.00%
07.27 02:00	35,718.71	714.37	30	2.38	83	2.77	1,976.44	5.53%
07.28 00:55	37,695.14	753.90	33	2.28	21	0.64	479.76	1.27%
07.28 20:35	38,174.90	763.50	17	4.49	53	3.12	2,380.32	6.24%
07.31 17:55	40,555.22	811.10	22	3.69	17	0.77	626.76	1.55%
08.01 21:30	41,181.98	823.64	28	2.94	−8	−0.29	−235.33	−0.57%
08.02 05:00	40,946.65	818.93	28	2.92	−28	−1.00	−818.93	−2.00%
08.02 20:05	40,127.72	802.55	19	4.22	−19	−1.00	−802.55	−2.00%
08.02 21:10	39,325.17	786.50	23	3.42	13	0.57	444.55	1.13%
08.03 09:40	39,769.71	795.39	20	3.98	57	2.85	2,266.87	5.70%
08.04 17:55	42,036.59	840.73	12	7.01	−12	−1.00	−840.73	−2.00%
08.07 06:30	41,195.85	823.92	30	2.75	25	0.83	686.60	1.67%
08.09 03:25	41,882.45	837.65	35	2.39	62	1.77	1,483.84	3.54%
08.10 02:25	43,366.29	867.33	30	2.89	−30	−1.00	−867.33	−2.00%
08.10 10:35	42,498.96	849.98	20	4.25	90	4.50	3,824.91	9.00%
08.11 20:30	46,323.87	926.48	22	4.21	−22	−1.00	−926.48	−2.00%
08.11 21:45	45,397.39	907.95	33	2.75	−33	−1.00	−907.95	−2.00%

续表

时间	起始资金	投入2%	止损点数	单量（手数）	获利点数	盈亏比	获利金额	获利幅度
08.14 20:00	44,489.44	889.79	22	4.04	-22	-1.00	-889.79	-2.00%
08.17 21:55	43,599.65	871.99	35	2.49	97	2.77	2,416.67	5.54%
08.21 08:15	46,016.32	920.33	35	2.63	26	0.74	683.67	1.49%
08.22 17:20	46,699.99	934.00	22	4.25	-22	-1.00	-934.00	-2.00%
08.22 20:55	45,765.99	915.32	17	5.38	-17	-1.00	-915.32	-2.00%
08.22 22:30	44,850.67	897.01	23	3.90	-23	-1.00	-897.01	-2.00%
08.23 10:55	43,953.66	879.07	23	3.82	56	2.43	2,140.35	4.87%
08.24 21:40	46,094.01	921.88	17	5.42	-17	-1.00	-921.88	-2.00%
08.25 13:00	45,172.13	903.44	20	4.52	-20	-1.00	-903.44	-2.00%
08.25 22:00	44,268.69	885.37	20	4.43	32	1.60	1,416.60	3.20%
08.28 22:55	45,685.29	913.71	20	4.57	34	1.70	1,553.30	3.40%
09.01 07:20	47,238.59	944.77	20	4.72	0	0.00	0.00	0.00%
09.01 21:45	47,238.59	944.77	53	1.78	-53	-1.00	-944.77	-2.00%
09.04 18:15	46,293.81	925.88	30	3.09	0	0.00	0.00	0.00%
09.06 13:30	46,293.81	925.88	20	4.63	-20	-1.00	-925.88	-2.00%
09.06 22:45	45,367.94	907.36	39	2.33	-39	-1.00	-907.36	-2.00%
09.07 07:55	44,460.58	889.21	25	3.56	70	2.80	2,489.79	5.60%
09.09 03:15	46,950.37	939.01	38	2.47	-38	-1.00	-939.01	-2.00%
09.11 17:00	46,011.36	920.23	22	4.18	-22	-1.00	-920.23	-2.00%
09.12 14:30	45,091.14	901.82	15	6.01	72	4.80	4,328.75	9.60%
09.13 13:20	49,419.89	988.40	25	3.95	35	1.40	1,383.76	2.80%
09.14 14:00	50,803.64	1,016.07	14	7.26	-14	-1.00	-1,016.07	-2.00%
09.14 21:00	49,787.57	995.75	17	5.86	-17	-1.00	-995.75	-2.00%
09.15 11:40	48,791.82	975.84	70	1.39	50	0.71	697.03	1.43%
09.18 06:35	49,488.84	989.78	40	2.47	20	0.50	494.89	1.00%
09.19 07:40	49,983.73	999.67	33	3.03	7	0.21	212.05	0.42%
09.19 23:30	50,195.78	1,003.92	38	2.64	-38	-1.00	-1,003.92	-2.00%
09.21 02:00	49,191.87	983.84	28	3.51	102	3.64	3,583.98	7.29%
09.21 18:50	52,775.85	1,055.52	23	4.59	-23	-1.00	-1,055.52	-2.00%
09.21 23:00	51,720.33	1,034.41	30	3.45	0	0.00	0.00	0.00%
09.22 16:50	51,720.33	1,034.41	40	2.59	17	0.43	439.62	0.85%
09.25 19:50	52,159.95	1,043.20	25	4.17	-25	-1.00	-1,043.20	-2.00%

续表

时间	起始资金	投入2%	止损点数	单量（手数）	获利点数	盈亏比	获利金额	获利幅度
09.26 07:25	51,116.75	1,022.34	28	3.65	104	3.71	3,797.24	7.43%
09.28 03:35	54,914.00	1,098.28	46	2.39	6	0.13	143.25	0.26%
09.29 07:50	55,057.25	1,101.15	20	5.51	8	0.40	440.46	0.80%
09.29 20:25	55,497.71	1,109.95	20	5.55	−20	−1.00	−1,109.95	−2.00%
09.29 21:45	54,387.76	1,087.76	29	3.75	30	1.03	1,125.26	2.07%
10.02 22:00	55,513.02	1,110.26	30	3.70	20	0.67	740.17	1.33%
10.04 02:30	56,253.19	1,125.06	24	4.69	−24	−1.00	−1,125.06	−2.00%
10.04 20:35	55,128.13	1,102.56	22	5.01	19	0.86	952.21	1.73%
10.05 12:10	56,080.34	1,121.61	12	9.35	−12	−1.00	−1,121.61	−2.00%
10.05 21:40	54,958.74	1,099.17	22	5.00	13	0.59	649.51	1.18%
10.09 08:40	55,608.25	1,112.16	32	3.48	0	0.00	0.00	0.00%
10.10 04:30	55,608.25	1,112.16	16	6.95	−16	−1.00	−1,112.16	−2.00%
10.11 08:15	54,496.08	1,089.92	18	6.06	−18	−1.00	−1,089.92	−2.00%
10.11 13:45	53,406.16	1,068.12	18	5.93	13	0.72	771.42	1.44%
10.12 08:00	54,177.59	1,083.55	16	6.77	6	0.38	406.33	0.75%
10.12 22:50	54,583.92	1,091.68	13	8.40	20	1.54	1,679.51	3.08%
10.16 12:00	56,263.42	1,125.27	15	7.50	5	0.33	375.09	0.67%
10.17 09:55	56,638.51	1,132.77	20	5.66	−20	−1.00	−1,132.77	−2.00%
10.18 01:25	55,505.74	1,110.11	23	4.83	0	0.00	0.00	0.00%
10.20 00:30	55,505.74	1,110.11	30	3.70	63	2.10	2,331.24	4.20%
10.23 16:25	57,836.98	1,156.74	20	5.78	−20	−1.00	−1,156.74	−2.00%
10.24 13:20	56,680.24	1,133.60	13	8.72	43	3.31	3,749.62	6.62%
10.25 10:05	60,429.86	1,208.60	34	3.55	12	0.35	426.56	0.71%
10.26 08:20	60,856.42	1,217.13	20	6.09	−20	−1.00	−1,217.13	−2.00%
10.26 14:10	59,639.29	1,192.79	23	5.19	13	0.57	674.18	1.13%
10.30 08:25	60,313.48	1,206.27	15	8.04	−15	−1.00	−1,206.27	−2.00%
10.30 14:40	59,107.21	1,182.14	15	7.88	−15	−1.00	−1,182.14	−2.00%
10.31 09:00	57,925.06	1,158.50	21	5.52	63	3.00	3,475.50	6.00%
11.02 15:30	61,400.57	1,228.01	25	4.91	0	0.00	0.00	0.00%
11.03 03:10	61,400.57	1,228.01	49	2.51	0	0.00	0.00	0.00%
11.06 22:40	61,400.57	1,228.01	24	5.12	−24	−1.00	−1,228.01	−2.00%
11.07 09:20	60,172.56	1,203.45	14	8.60	24	1.71	2,063.06	3.43%

续表

时间	起始资金	投入2%	止损点数	单量（手数）	获利点数	盈亏比	获利金额	获利幅度
11.08 13:55	62,235.62	1,244.71	20	6.22	−20	−1.00	−1,244.71	−2.00%
11.10 10:30	60,990.90	1,219.82	37	3.30	−18	−0.49	−593.43	−0.97%
11.13 13:35	60,397.48	1,207.95	10	12.08	20	2.00	2,415.90	4.00%
11.14 08:45	62,813.38	1,256.27	14	8.97	−14	−1.00	−1,256.27	−2.00%
11.14 18:20	61,557.11	1,231.14	23	5.35	23	1.00	1,231.14	2.00%
11.16 04:10	62,788.25	1,255.77	33	3.81	−33	−1.00	−1,255.77	−2.00%
11.16 21:10	61,532.49	1,230.65	21	5.86	5	0.24	293.01	0.48%
11.17 08:05	61,825.50	1,236.51	38	3.25	38	1.00	1,236.51	2.00%
11.20 14:10	63,062.01	1,261.24	14	9.01	−14	−1.00	−1,261.24	−2.00%
11.21 07:50	61,800.77	1,236.02	18	6.87	6	0.33	412.01	0.67%
11.22 07:15	62,212.77	1,244.26	20	6.22	26	1.30	1,617.53	2.60%
11.23 17:35	63,830.31	1,276.61	14	9.12	−14	−1.00	−1,276.61	−2.00%
11.24 16:10	62,553.70	1,251.07	18	6.95	−18	−1.00	−1,251.07	−2.00%
11.27 06:00	61,302.63	1,226.05	13	9.43	−13	−1.00	−1,226.05	−2.00%
11.27 08:30	60,076.57	1,201.53	14	8.58	32	2.29	2,746.36	4.57%
11.28 14:50	62,822.93	1,256.46	18	6.98	−18	−1.00	−1,256.46	−2.00%
11.28 21:05	61,566.47	1,231.33	14	8.80	−14	−1.00	−1,231.33	−2.00%
11.28 23:40	60,335.14	1,206.70	20	6.03	−20	−1.00	−1,206.70	−2.00%
11.29 10:55	59,128.44	1,182.57	22	5.38	−22	−1.00	−1,182.57	−2.00%
11.30 04:10	57,945.87	1,158.92	36	3.22	−36	−1.00	−1,158.92	−2.00%
11.30 22:00	56,786.95	1,135.74	23	4.94	−23	−1.00	−1,135.74	−2.00%
12.01 08:50	55,651.21	1,113.02	26	4.28	−26	−1.00	−1,113.02	−2.00%
12.05 11:35	54,538.19	1,090.76	18	6.06	10	0.56	605.98	1.11%
12.06 19:05	55,144.17	1,102.88	21	5.25	40	1.90	2,100.73	3.81%
12.11 22:30	57,244.90	1,144.90	18	6.36	5	0.28	318.03	0.56%
12.12 16:00	57,562.93	1,151.26	12	9.59	0	0.00	0.00	0.00%
12.13 15:15	57,562.93	1,151.26	30	3.84	−30	−1.00	−1,151.26	−2.00%
12.14 00:45	56,411.67	1,128.23	32	3.53	−32	−1.00	−1,128.23	−2.00%
12.14 14:15	55,283.44	1,105.67	18	6.14	0	0.00	0.00	0.00%
12.15 10:45	55,283.44	1,105.67	24	4.61	−24	−1.00	−1,105.67	−2.00%
12.15 21:20	54,177.77	1,083.56	18	6.02	32	1.78	1,926.32	3.56%
12.18 14:35	56,104.09	1,122.08	19	5.91	−19	−1.00	−1,122.08	−2.00%

续表

时间	起始资金	投入2%	止损点数	单量（手数）	获利点数	盈亏比	获利金额	获利幅度
12.19 02:55	54,982.01	1,099.64	20	5.50	8	0.40	439.86	0.80%
12.19 20:30	55,421.86	1,108.44	8	13.86	25	3.13	3,463.87	6.25%
12.20 10:40	58,885.73	1,177.71	9	13.09	38	4.22	4,972.57	8.44%
12.22 08:50	63,858.30	1,277.17	12	10.64	-12	-1.00	-1,277.17	-2.00%
12.26 07:00	62,581.13	1,251.62	12	10.43	-12	-1.00	-1,251.62	-2.00%
12.27 05:50	61,329.51	1,226.59	10	12.27	0	0.00	0.00	0.00%
12.27 18:00	61,329.51	1,226.59	8	15.33	-8	-1.00	-1,226.59	-2.00%
12.29 01:00	60,102.92	1,202.06	15	8.01	27	1.80	2,163.71	3.60%

我们选取整整一年时间的交易数据来进行图表分析，从而对交易系统有全方位的认知（见图15）。

观察在整整一年的时间中，交易系统在288次交易后所展现出来的收益曲线图，我们可以清晰地看到起始资金由10000美元到达62265美元。实际收益为52265美元，所以整个全年的收益率为522%。

图15　交易系统一整年的表现

在单笔风险投入为总资金的2%时，我们可以看到图16中，亏损的一面很整齐地被锁定在了2%，盈利却是动态表现的，有时候多，有时候少。这其实就是"截断亏损，让利润奔跑"的本质。

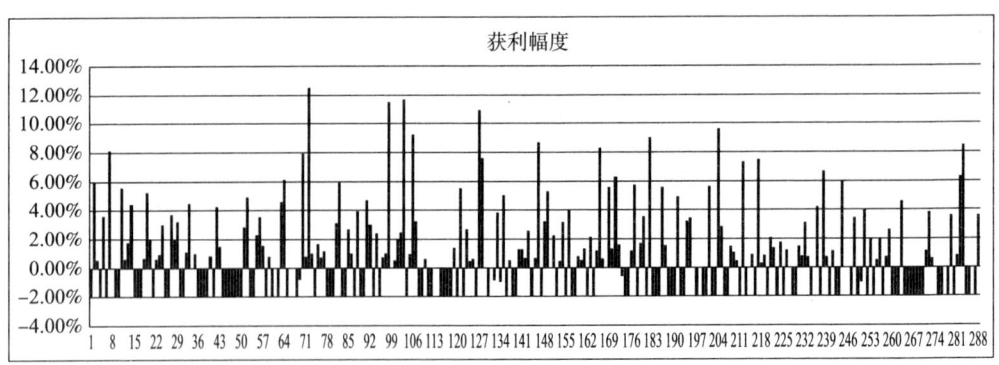

图16 交易系统获利幅度表现

在单量（手数）图（见图17）中，我们看到单量是在动态过程中逐步增加的。这其实是因为单量是由风险投入的2%除以止损点数（量化风险空间）得来的。不同资金量不同的风险投入，不同的标的波动幅度不同的止损空间幅度，所以综合以上因素才得出来动态的单量表现。图17中，随着资金量的增加，风险空间固定在25点左右，所以后面的单量才呈现出逐步增长的态势。

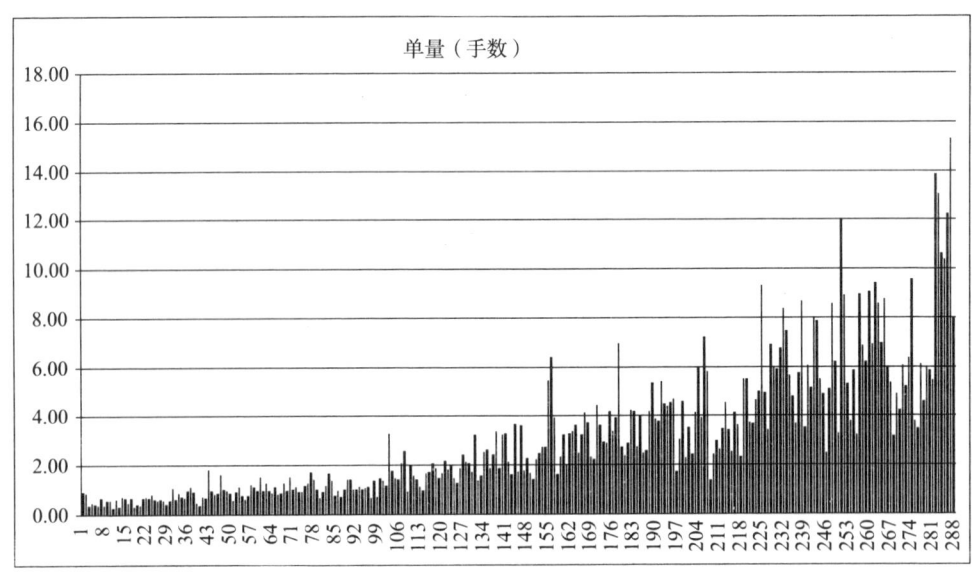

图17 单量（手数）图

在止损点数动态分布图（见图18）中，止损点数（也称止损空间幅度）是入场位到亏损离场的距离。在图18中我们可以清晰地看到止损空间幅度大致都分布在 25 点左右，只有极个别的超过了 50 点。只有标准化入场位和出场位后，才能得出来规范科学的止损空间。在此需要注意，止损空间幅度跟标的波幅有关，不同的标的有不同的特性，所以波动率也不相同。

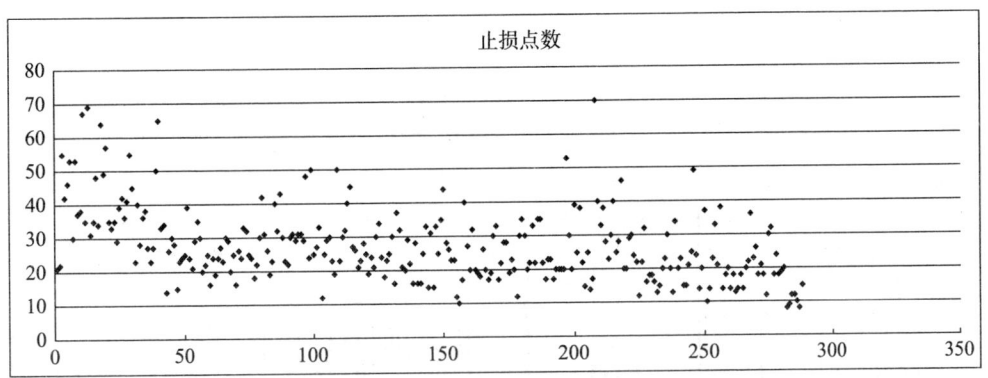

图18　止损点数动态分布图

在获利点数图（见图19）中，我们可以看到，0 轴以下的亏损空间在图 18 中已经解释过，在此不做赘述。0 轴上方的是每个盈利单子，是从入场到盈利出场的空间距离（这里首先需要交易者有标准化的入场和出场规则统计数据才有意义，人为的主观决断有很多偶然性的因素，所以不具备参考价值）。盈利点数和止损点数其实都是跟交易者设定的退出或止损标准有关，跟标的波动特性也有关系，波动幅度大的标的，不管是止损空间还是盈利空间都大；波动幅度小的标的，同样不管是止损空间还是盈利空间都相对较小。

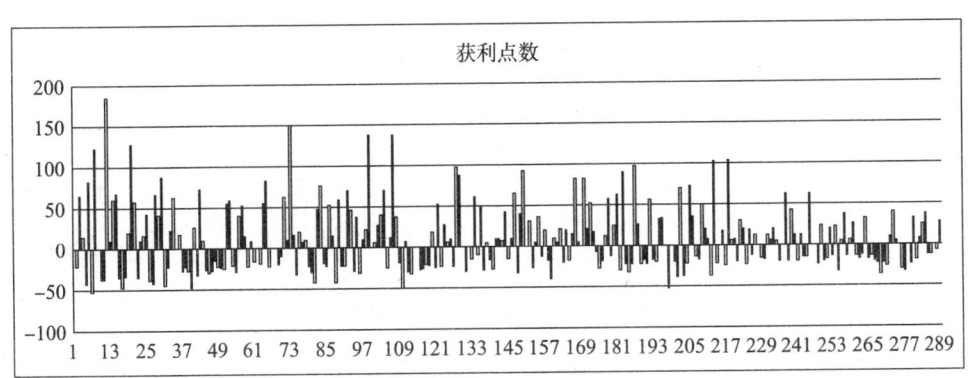

图19　获利点数图

在盈亏比图表（见图20）中，由于量化风险，我们看到的所有风险都是锁定在 -1，盈利是动态发展的。所以我们看到盈利是动态随机的。和获利点数图对比，并不是获利点数多，获利的能力就强，关键要看风险和盈利的比值。风险空间小，获利空间大，其风险回报比就大；风险空间大，获利空间小，其风险回报比就小。

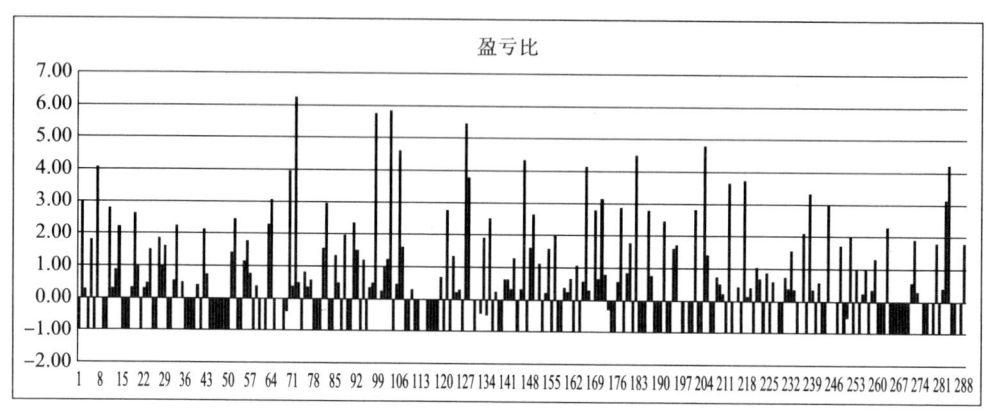

图20　盈亏比图

在获利金额图（见图21）中，我们看到图呈现两边扩张的喇叭形态。这是因为，资金管理方案利用的是固定百分比，随着起始资金逐步增加，所以资金量越大所对应的单笔交易的亏损资金和盈利资金就相对越大。

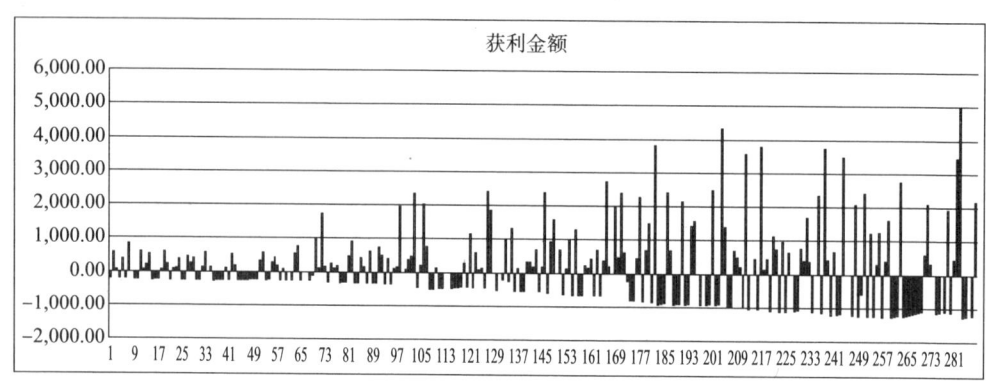

图21　获利金额图

图 22 展现的是同一交易系统在同一年内放在不同标的上的表现包括欧元 16%、日元 180%、加元 502%、黄金 40%。

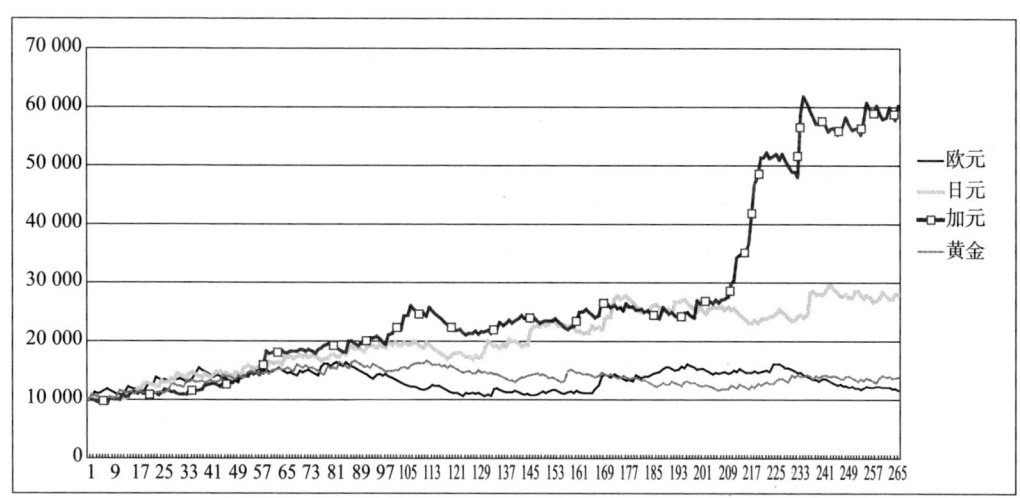

图 22　同一交易系统同一时间在不同标的上的表现对比图

交易系统在不同的市场状态下会有不同的表现。我们不能只看交易系统在一个标的上的效果表现就确信交易系统对盈利概率的影响效果。因为市场标的都有其自身的特性，演变出来的市场状态更是千姿百态的。所以我们需要更多的市场状态来验证交易系统的客观有效性。

当我刚看到这些系统的收益表现时，我兴奋至极，以为找到了打开市场秘密的钥匙。但是在我做几十万组数据验证的时候却发现，现实并不是我们想象的那样美好。没有一个交易系统能适合所有品种的所有市场状态。我也努力地试着去调整，想要找到一个适合所有市场的完美交易系统。在我后面做了很多努力之后，我释怀了，最终我发现，不完美其实也是完美的一部分。

2 概 率

(1) 概率的定义

市场交易可能出现两种结果，或者亏损，或者盈利，也就是说，当交易者投资于交易市场时，可能带来亏损，也可能带来盈利。亏损和盈利的可能性大小就是亏损的概率和盈利的概率。概率，亦称"或然率"，它用来反映随机事件出现的可能性大小。随机事件是指在相同条件下，可能出现也可能不出现的事件。例如，在交易中既会盈利也会亏损，随意交易一次，"获得盈利"就是一个随机事件，不是必然事件，因为每一次随意的交易可能获得盈利，也可能出现亏损。假如对此随机现象进行了 n 次试验与观察，其中盈利 A 出现了 m 次，即其出现的频率为 m/n。经过大量反复试验，常有 m/n 越来越接近于某个确定的常数。该常数即为盈利 A 出现的概率，常用 $P(A)$ 表示。从数学角度看，概率是一个通过一定公式得来的终值，而不是一个数学公式的前置条件。

(2) 交易系统的概率表现

我们用前面章节里的一年的数据表现，把全年 288 个统计数据进行对比，其中亏损的次数为 126 次，盈利的次数为 162 次。这样我们就得出来，整个交易系统的盈亏的概率分别为 56% 和 44%。由此样本数据形成的盈利和亏损比的概率结果图 23 所示。

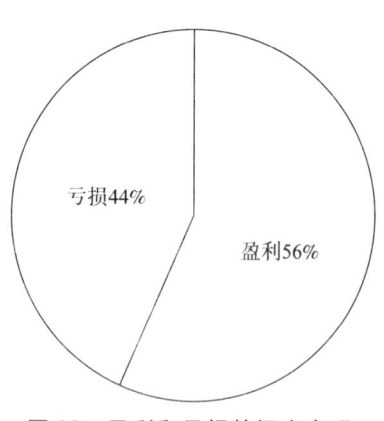

图 23 盈利和亏损的概率表现

不同交易方法概率的表现是不同的

通过对不同交易系统（交易方法）的历史交易数据的统计分析和对比研究可以发现交易方法是否科学、客观和有效，不同交易系统盈利的能力反映不同交易方法的客观性、科学性和实效性的高低。不同的交易方法盈利的概率是不同的，统计分析对比研究发现，趋势型、高频型、剥头皮型和套利型等几种交易方法体现出来的盈利概率是不一样的：趋势型的成功概率在40%左右，高频型和剥头皮型的成功概率可能在90%以上。所以说，交易者在交易中必须对不同的交易方法进行充分的了解，在避免盲目投资必然带来损失的前提下，在实际操作中选择一些好的交易系统以提高交易盈利的概率。

从宏观和微观的角度认识概率

在认识、分析和提高某一事件的概率时可以分别从全局宏观和散点微观这两个角度同时入手，"田忌赛马"就是一个典型的例子：通过对全局进行全面认识和宏观分析、对全局进行统筹部署来提高获胜的概率，而不是仅仅考虑到散点微观。而赌徒去赌场赌博的时候，他们都在分析每一局胜的概率是多少，这就是以点认识、分析和提高获胜概率的思维模式。那么赌场的思维模式是什么？赌场的思维是全局性的，它们比赌徒的概率优势只高出来一个百分点左右，但是它们就是靠这么微弱的概率优势，得以继续下去。

我们在这里简单分析一下，赌徒和赌场之间的概率区别是前者注重"点"，后者注重"面"，但实际上赌场是从宏观的角度考虑，即注重纪律性和统一性。赌场有具体的纪律性和统一性，但是赌徒很少专注于纪律性和统一性。赌场的纪律性和统一性体现哪些地方呢？营业时间、每一局下筹码的量都是被限制或固定的。而赌徒想怎么下赌注就怎么下，这次投注100，下次投注500等，按照自我意愿行事，他们的行为是没有任何规则和统一性来约束的，所以说

赌徒的获胜概率是没有任何保障的。

（3）概率和纪律性、统一性

上述赌场的例子说明纪律性和统一性可以保障概率的有效性，但是大多数情况下赌徒是没有纪律性和统一性的。那么概率是怎么得来的？首先概率是建立在统计学基础之上的，它需要建立一个标准来统计数据样本，我们从一个样本分析得出来概率，这个样本就是概率的来源。当我们有了样本之后，接下来需要进行取样，这里涉及一个取样标准的问题，制定一个取样标准——在交易市场取样的标准其实就是客观的交易方法。从这个地方可以反映出上面所得到的一些总结，不同的交易方法概率的表现是不同的。我们要怎么样来维持它的标准？在取样的过程中，建立的标准需要一定的纪律性和统一性，以此来保障取样的标准效度。

样本规模

概率是建立在统计模型基础上的，有取样的标准后，样本规模也得考虑。

概率学中最常用的例子就是抛硬币获得硬币正面和反面的概率，抛硬币就是样本，样本数据越少，所得到的概率差距就越大，越不准确。如果只抛10次硬币作为样本规模统计，可能这10次中都是正面或都是反面，我们所得到正面和反面的概率可能是100%和0%。样本规模越大，所得到的概率差距就越小，越准确。如果抛10000次硬币作为样本规模统计，我们所得到的正面和反面的概率基本上是50%。一定要有一定的样本规模后，才能真实地体现客观科学的有效性和准确性。

（4）对概率认识的误区

交易中的概率包含盈利的概率和亏损的概率两类，而交易者一般关心的是盈利的概率，然而，盈利的概率和亏损的概率加在一起就是投资结果概率的总和（不赢不亏的概率在整个交易市场的投资交易结果中占有很低的比例，几乎可以忽略不计）。盈利的概率其实就是盈利的次数除以总交易的次数，亏损的概率其实就是亏损的次数除以总交易的次数。交易者如果只看到交易结果赢亏的概率，那只是看到了交易概率的表象，很多人被这一表象所迷惑，没有理解交易概率所蕴含的更深层次的、本质的意义。

  概率学是建立在统计学的样本数据分析基础之上的，统计样本的抽取是有一定规则的，而运用交易系统投资输赢结果的概率是在客观交易方法指导下具有一致性、符合规则的行为的结果，本章节中概率的测算就是通过对客观交易系统的交易数据统计、分析演算得出来的，这些数据包括交易者在交易过程中的价格、单量、入场点位、止损点位、出场点位、盈利和亏损。对缺失客观交易系统标准条件下的数据进行概率分析难以反映交易系统的交易结果的概率有效性，脱离客观交易方法形成的统计数据去谈概率也只能理解表象，要想对交易系统的获胜概率达到全局性的了解，就必须对交易过程形成的数据进行深度分析。

  在交易中大多数人的思维就是把概率当前置数值来用的，总是用概率来猜当下行情是涨还是跌。其实不管是在金融市场交易还是在赌场赌局中，概率都是有两层次意义的，一个是"点"，一个是"面"。

  何为"点"？点是赌局思维，我们拿赌场来举例说明，当你进入赌场中，拿到筹码后走到赌桌前，基本上所有的人都被现实所迷惑，只是集中所有的精力去分析当前的赌局中，他能赢的概率是多少？把每一次的赌局都看得非常重要，其实每一次的输赢概率是一样的。

  何为"面"？面是赌场思维，就是跳过概率中的赌局思维，不把单次的赌局看得非常重要，而是站在一个面上，统筹全局，利用全局性概率的微小优势来赚钱。

  在市场交易中概率也有"点"和"面"的关系。很多人把分析当下行情看得非常重要，绞尽脑汁分析当下行情的涨跌概率是多大。这就好像你要分析当下抛出硬币的正反面。其实不管你再怎么分析，你所做的任何一个选择的概率也都是50%；在交易中，很少人对概率思考的维度达到"面"的层次。当一个交易者把自己对概率的思维提升到全局性、系统性的高度时，他的交易基本上可以做到随心所欲不逾矩了。

 3　风险回报比

（1）风险回报比的定义

风险回报比又称盈亏比，指的是交易者做一笔交易时，对该交易愿意承担的风险与获得回报的比值。

风险和回报之间具有良好的关系，舍不得孩子套不住狼、富贵险中求，这些俗语简单明了地揭示了二者之间的密切关系——高风险才有高回报，低风险则低回报，但是如果处理不好风险和回报之间的关系，则可能人财两空，因此，处理好风险和回报之间的关系是进行高概率盈利交易的重要部分。在处理风险与回报之间的关系时，交易者不仅要认识到成功时预期获取盈利的最高额度，还需要确认遇到最糟的情况可能会带来多少亏损。

客观地讲，风险回报比和成功率是一个天平的两端：过度地追求较高的风险回报比，就会导致成功率降低；反之亦然，过度强调成功率，就会导致风险回报比降低。

投入1元赚3元的风险回报比就是1比3，但是在实际交易过程中，没有几个人能够真正理解它的意义，很多人不知道如何才能通过预设将亏损锁定在1元内，如何来赚取3元利润。它的本质是对量化风险，入场、出场的深层次理解。

从图24中的多单交易和空单交易止损设置可以看到风险回报比有三个构成要素：入场位、止损位和退出位。风险空间和利润空间之比，就是风险回报比。

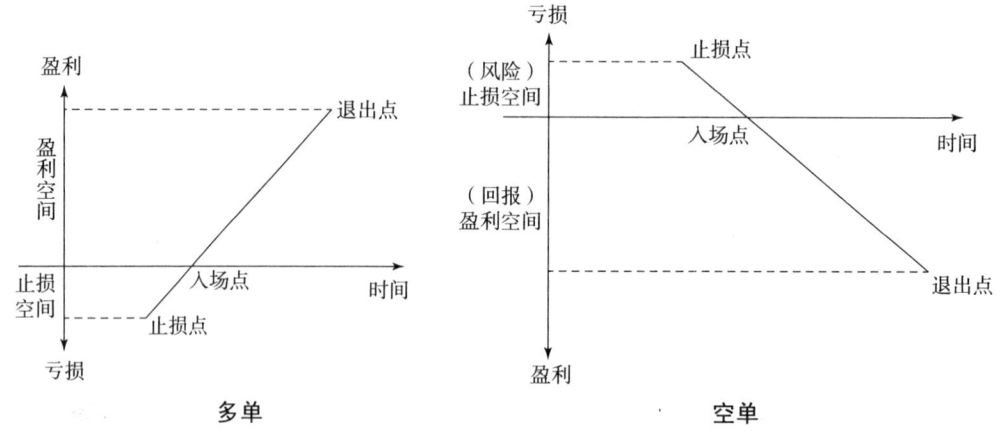

图 24　多单和空单风险回报比

（2）确定风险和回报比的方法

交易者只是很直观地看到风险和回报，但是很多的交易者没有去深入地了解和理解风险回报比的结构和由来。风险回报比设置的过程大概如下。

第一，确定前置条件。

①确定入场位标准，要界定入场位，必须辨别市场状态，也就是要辨别市场价格变化波动的过程和趋势。

②确定风险位标准，要界定风险并量化风险，必须处理好风险控制和止损之间的关系。交易者只要知道如何去量化风险，基本上交易就不会有太大的亏损。

③确定利润退出位标准，要界定利润，必须处理好出场设置，因为利润只有在退出时才能得到完全确认。

如果不确定各个环节的标准，谈风险回报比都是空谈、瞎谈。

第二，交易者在确定三个前置条件之后，就要根据交易系统行为步骤确定一个入场位，做好单量配置方案，一旦时机来临，立即下单进场。之后，交易者无须为价格的跌宕起伏而感到喜怒哀乐，只需静等两种结果的出现，一个是亏损到止损位，一个是盈利到盈利退出位。

只有清晰界定交易行为标准化的步骤，才能深刻理解风险回报比的深层次意义。只有解决了前面的交易设置，才能按照步骤进行后面的操作。交易系统就好像数学解题过程，有很强的逻辑先后顺序，前面的不弄清楚，后面的就难以处理。

如何确定风险？如何确定回报？如何正确看待风险回报比？

由图25可知，交易的成功与失败跟单次的盈亏关系不大，多亏几次少亏几次影响不大，趋势交易成功的核心是回报比，盈利概率是其次。

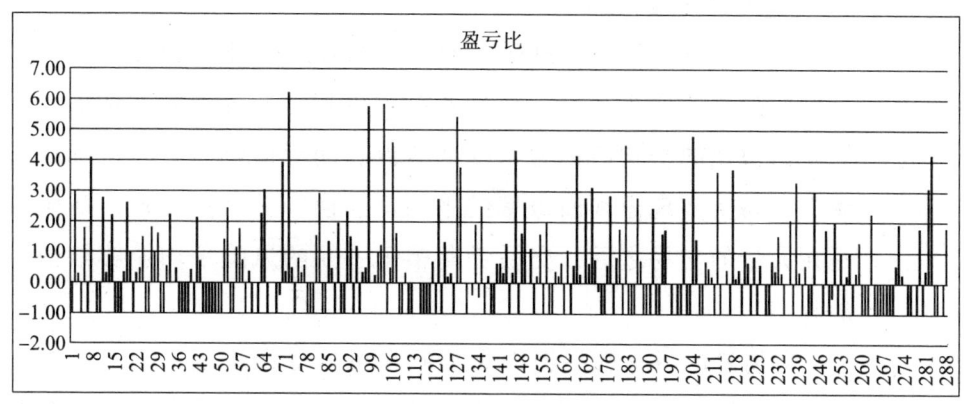

图25　一个交易系统一年内的风险回报比

通过处理大量的历史数据计算出历史风险回报期望值，因此这个期望值具有很高的指导性，系统交易者对风险回报期望值要有信心，在交易过程中，按照系统给出的信号做交易，就会减轻交易者的心理压力，同时降低交易的不确定性。系统交易者坚持的是遵守交易系统的客观性、自觉性，放弃的是随意做决策的自由。而对于无系统的交易者来说，情况则完全不同，交易者受价格起伏升降的左右，只看到价格波动的表象，分不清趋势变动的真假信号，看不清趋势变化的本质，随心所欲地改变决策方案，囿于一时的胜败。

交易成功的秘诀之一就是从风险回报比的角度进行思考。类似地，理解期望值的第一个关键就是从风险回报比的角度来审视、思考和执行交易。不仅在每一笔交易时要自问风险是什么，还要自问潜在的回报是否值得去冒潜在的风险。那么如何确定一笔交易的潜在风险？在进入每一笔交易之前，交易者应该先确定为了保住资本而设置的止损退出点，这一点的值就是交易者所承担的风险或者说是交易者的预期损失。

交易者从风险回报比的角度进行思考。如果知道在某一个头寸上的全部初始风险是1000元，那么交易者就可以把所有的利润和损失表示为初始风险的比率。例如，如果赚到了2000元的利润，那么利润就是风险投入的两倍；如果实现了10000元的利润，那么利润就是风险投入的10倍。

那么这一切和期望值存在的关系是什么？在由交易系统得出了风险回报比的分布之后，交易者需要得到这一分布的平均值。我把风险回报比的平均值称为系统期望值。期望值就是交易系统经过很多次交易所实现盈利回报率的平均值。换一种表达方式，期望值就是在大量的交易之后，交易者期望每一元的风险平均能够给他带来的收益。

交易者的目标就是把损失控制在可接受的小范围内。在对一系列表现风险回报比的利润和损失进行分析后，交易者就会拥有对风险回报比分布的清醒认识。实际上，从风险回报比的分布角度思考交易系统有助于交易者对系统的理解以及清楚系统将会为他带来的期望值。有了期望值，就可以估计出一个交易系统能够带来什么样的结果。

盈利被动退出的风险回报比是变化的。这样的交易逻辑通常是选用趋势线或者均线等跟随趋势的出场逻辑，这是真正意义上的让利润奔跑的交易逻辑。这样的出场方式的收益是动态的。很多时候可能风险回报比不合理，成功率也很低，但一旦遇上非常大的趋势行情，就会获得非常优质的风险回报比，交易者靠几笔高的风险回报比所带来的盈利就可以挽回之前的亏损并盈利。这是趋势交易的核心秘密。

4 回撤

（1）回撤的定义

回撤是指在某一特定时期内，交易账户净值由最高值向后推移，直到净值回落到最低值时，其间净值减少的幅度。通俗地讲，回撤就是跌幅。回撤是衡量交易系统风险的一个指标，具体衡量方式是通过两个角度，衡量交易系统账户资金亏损的空间幅度和时间宽度（见图26）。

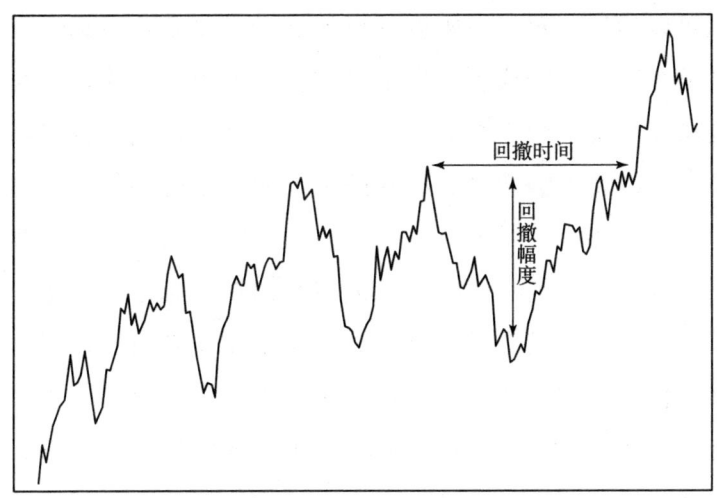

图26　回撤的空间幅度和回撤的时间宽度

（2）回撤的作用

通过观察回撤可以发现一个交易系统或者一个基金的抗风险能力，也就是通过观察回撤可以发现交易标的最大亏损的幅度是多少，以及交易标的进入衰退后到复苏的时间是多久。

（3）回撤的分类

①按照账户资金的情况，回撤可以分为净值型回撤和初始资金回撤。

净值型回撤，就是账户从最高点到最低点的幅度；初始资金回撤，指从最初投入资金到资金最低点之间的幅度。净值型回撤和初始资金回撤都是在观察资金减少或降低的幅度，但二者的参照值是不同的。不同交易者的关注点不同，作为投资者来讲，更关注的是他们初始资金的回调幅度，而作为交易者来讲，他们更多的是关心净值的回撤幅度。

②按照波动幅度，回撤可分为最大回撤幅度和平均回撤幅度。

交易过程中还会出现最小回撤幅度，这里不用去讲，因为交易者可以坦然面对最小幅度的价格波动带来资金轻微的缩减，而且这种缩减不会影响或刺激交易者改变交易方案和策略。最大回撤幅度会给交易者带来极大的刺激，诱惑交易者做出交易策略和方案的调整，所以要加强观察交易标的最大的一个亏损波动，也就是最大的一个回撤幅度，对于交易者认识标的的价格曲线变化规律具有十分重要的意义。用峰值减去谷值就是回撤的幅度。而平均回撤，不像其他类别的回撤那样容易计算，需要交易者对一段时间内多组峰值和谷值进行统计分析才能得到。平均回撤对交易者也有一定的指导性意义，最大回撤（最高峰值减去最低谷值）的出现，可能会有一些偶然性的因素，通过建立一个平均回撤值就可以降低这些偶然性因素对回撤幅度的影响。

在研究分析回撤时同样需要注意"样本规模"的问题，其实就是注意研究过程中选取不同标的的数量和每一支标的所涵盖的峰值、谷值频次的多少以及价格波动曲线持续发展运行的时间长短的问题。我在最初设计系统的时候，第一次设计出的系统样本规模是500，但当我把样本规模扩大之后又得出另一种结果。我们通过样本规模的大小来确定系统的稳定性，样本越多我们得到的回撤率就越准确。如果样本比较少，就像我之前所看到一本书上的样本规模还不到100，那么就存在很大的局限性，因此要通过样本规模来分析最大回撤幅度和平均回撤幅度以求得一个更为接近现实的回撤率。

（4）控制回撤的方法

控制回撤有两种手段，一种是通过资金管理的方式来控制回撤，就是通过资金管理的方式来降低风险投入。如果说单次的交易资金风险投入是总资金的2%，所得到的回撤是20%，那么交易者可以把资金的单次风险投入降低到1%，最终交易者得到的是10%的回撤幅度。另外一种手段就是通过概率来降低回撤幅度，也就是将连续亏损的次数降低了之后，回撤也就跟着降低了。这里我们可以"服装设计加工"的例子来加以说明，一个裁缝不仅仅要量体裁衣，还要根据客户要求来做衣服，客户喜欢衣服做得肥大一点的，就给他做宽松一点，客户喜欢合身一点的，就给他做瘦小一点。也就是说在控制回撤的过程中，交易者也会遇到这样的情况，在把握交易系统自己决定的同时，还要了解投资方想要多大的收益，或者是他的侧重点到底在哪个方向，如果客户的资金量比较大，动辄上千万上亿的，他们更注重的是资金的安全性，那么交易者就可以把回撤控制在相对小一点的幅度之内；如果资金量比较小，而且资方是一个激进型的人，那么交易者就可以把回撤的幅度相对放大一些，它的收益也就放大了。如何控制回撤，交易者必须在交易前就将投资方（客户）关于资金管理的想法和自己交易的理念纳入交易方案，综合客户的想法和个人的操作理念、操作方案和资金规模来确定回撤。一般情况下，资金量大了，就把回撤放小一点；资金量比较小，就把回撤给放大，这样可以在充分保障资金安全的前提下实现更大的收益。

5 量化交易

（1）什么是量化交易

量化交易是指交易者通过对市场的长期参与，从而就发现的市场客观规律建立的一种数学模型，并将它进行编程后最终代替交易者执行的一种交易辅助工具。

（2）量化交易的发展史

①量化交易的产生（20世纪60年代）。

1969年，爱德华·索普利用他发明的"科学股票市场系统"（实际上是一种股票权证定价模型）成立了第一个量化投资基金，索普也因此被称为"量化投资的鼻祖"。

②量化交易的兴起（20世纪70—80年代）。

1988年，詹姆斯·西蒙斯成立了大奖章基金，从事高频交易和多策略交易。基金成立20多年收益率达到了年化70%，除去报酬后达到40%以上。西蒙斯也因此被称为"量化对冲之王"。

③量化交易的繁荣（20世纪90年代）。

1991年，彼得·穆勒发明了alpha系统策略等，开始用计算机+金融数据来设计模型、构建组合。量化交易的繁荣主要表现在以下三点：

首先，从全球市场的参与主体来看，按照管理资产的规模，2018年全球排名前六位中的五家资管机构，都是依靠计算机技术来开展投资决策，而且进入2019年，由量化及程序化交易所管理的资金规模进一步扩大。

其次，从就业人员的薪资水平来看，全球超70%的资金交易用计算机或者程序进行，其中一半是由量化或者程序化的管理人来操盘。在国际招聘网站搜索金融工程师（包括量化、数据科学等关键词）会出现超过33万个相关岗位。

最后，从高校的培养方向来看，已有超过450所美国大学设置了金融工程专业，每年相关专业毕业生达到1.5万人，市场需求与毕业生数量的差距显著，因此数据科学、计算机科学、会计以及相关STEM（基础科学）学生毕业后进入金融行业从事量化分析和应用开发的相关工作。

（3）量化交易的本质

量化交易在本质上其实就是交易者的思维模式转化的具体交易行为步骤具体标准化后，利用计算机语言编写程序化后，用计算机代替人为执行的一种工具。

（4）量化交易的分类

①将量化投资按分析数据来源分类。

第一类：基于价格数据的量化投资。包括三种小类：趋势跟随（趋势类指标）；均值回归（超买超卖指标和波动指标）；市场情绪（买卖盘、交易量、涨跌快慢、波动率、新开户数、市场利率等指标）。

第二类：基于基本面数据的量化投资。包括三种小类：价值/收益（价值、风险评估指标）；成长类（相对强度等指标）；资产质量（杠杆指标、收入波动率、管理水平、风险评价等指标）。

第三类：基于上述第一类和第二类的混合类的量化投资。

②将量化投资按交易频次分类。

第一类是高速高频分单交易。目前绝大多数的量化交易是高速高频分单交易，世界上最成功的量化交易基本都是这种类型。

第二类为低频交易。因为时间增加了不确定性，涉及的算法复杂，还不是量化投资的主流。

③将量化投资按层次分类。

第一类为初级量化投资。以多数人熟悉的各种理论（如波浪理论、江恩理论等），采同花顺、通达信、大智慧等工具，应用自定义数据、筛选、各种选股、扩展数据管理、预警等功能，从主观转向量化，以人工交易为主。

第二类为中级量化投资。通过对行情的数学化，采用python、掘金等工具，寻找市场的统计规律，实现半自动交易。

第三类为高级量化投资。以市场内、市场间的不均衡，采用C++、汇编语言、Linux系统等工具，通过计算机操作机制、计算机科学算法、计算机硬件科学，结合人类在各领域、学科的成果，构建算法模型，实现以计算机交易为主，以人工风险防控为辅的交易体系。

（5）量化交易的特点

①严格的纪律性。

严格的纪律性是量化交易明显区别于主动投资的重要特点。量化交易是严格执行量化交易模型所做出的投资决定，而不是随着交易者情绪的变化而随便修改。量化交易被一些人称为"站在巨人的肩膀上赚钱"，与主观投资相比，量化交易在进行投资决策的过程中，会更加客观和理性，可以克服人性的弱点，如贪婪、恐惧、侥幸心理，也可以克服认知偏差。

②完备的系统性。

这是指多数据，就是海量数据的处理。人脑处理信息的能力是有限的，当一个资本市场只有100只股票，这对定性投资基金经理是有优势的，他可以深刻分析这100家公司。但在一个很大的资本市场，比如有成千上万只股票的时候，强大的定量化交易的信息处理能力能反映它的优势，能捕捉更多的投资机会，拓展更大的投资机会。

③统一性。

这是指所有交易行为步骤都标准化后,利用量化交易保证每一次的交易行为都是一致的。

④风险性。

首先是一、二级市场"级差"风险,其次是交易者操作风险,最后是系统软件的风险。

一、二级市场的"级差"是整个套利交易的核心。在现有规则下,ETF套利模式分为两种:一种是通过购买一揽子股票,按照兑换比例在一级市场换得相应的ETF份额,然后在二级市场上将ETF卖出;另一种则与前者相反,是在二级市场上购买ETF份额,通过兑换比例换得相应数量的股票,然后在二级市场卖出股票。交易的顺序视股票价格、兑换比例、ETF份额交易价格的变动而决定。

由于股价的变动,ETF套利级差转瞬即逝,因此纷繁复杂的计算过程,目前业内由计算机完成,交易者通过设定计算程序并按照结果决定策略,又或者完全自动让系统在出现套利空间时自动交易,后者便称为程序化交易。又因为套利的空间非常小,通常只有万分之几,因此套利交易为了获取适中的收益,参与的资金量都比较大。如果交易者把握不当将顺序做反,则投资将出现亏损,这便是级差风险。而为了控制这样的人为风险,券商一般提倡自动化交易,方向由计算机把握,交易者输入交易数量即可。

第二种风险是交易者操作失误,比如光大的乌龙指事件,有可能是交易者在输入数量的时候出现了失误。这同时也牵扯到第三种风险,系统软件风险,每个交易者在系统中都有相应的交易权限,包括数量、金额。光大事件涉及的金额坊间一度传闻为70亿元,而数量如此巨大的金额是如何绕过系统权限完成交易的?这个问题的暴露,也导致业内质疑光大风控工作并未做足。

⑤视角广与及时性。

这是指凭借计算机高效、准确地对海量信息进行处理,在所有市场里去寻找更广泛的投资机会;及时、迅速地跟踪市场变化,不

断发现能提供巨额收益的新的统计模型，去寻找新的交易时机。

⑥易扩大。

这是指当你形成量化交易后，你的交易体量就很容易扩大，不像主观交易，资金量达到一定程度后，心理负担就很大，导致交易者失去本有的理性。

⑦节省时间。

这是指量化交易过程中，可以节省盯盘时间，让交易者从长期紧张的盯盘中解放出来，有更多的时间去做一些其他有意义的事情，不用被市场捆绑。

（6）量化交易过程中的问题

①流动性。

个人交易者资金量不是很大的情况下，基本上不会遇到流动性问题，但是，如果是机构型的交易者，管理基金规模达几十亿元，那么就要考虑流动性的问题、头寸的持有时间长短问题。流动性小，交易者只能持有头寸较长时间；流动性大，头寸持有时间可以短，而且交易员还得考虑投资组合的问题。模型合理分配的话，长期可以盈利，但是那些偶然事件导致的大幅回撤仍无法避免。

②情绪量化交易。

量化交易不正是要将我们从情绪中解放出来，让电脑按部就班地做出所有交易决策吗？事情并非如此简单，没有做好心理准备的交易者，尤其是在头寸或某日的盈亏出现异常时，往往会推翻自动交易系统的决策。因此，即使用量化策略进行交易，了解一些我们自己的心理弱点也是十分必要的。

交易系统用一定的方法定义、量化并区分市场行为。因为市场表现出来的行为组合是无穷无尽的，其间既有机会，也有风险，我们的大脑可能会反应不过来。交易系统只关注特定的市场行为，这样我们的大脑就比较容易处理系统信号。交易系统还能告诉我们在特定的市场状况中该如何行动。

（7）量化交易的难点

量化交易的难点在于转换，就是交易者把看到的客观现象用数学性的逻辑语言转换出来，这是最大的难点。这要求设计者对交易行为和内容有很深刻的认识，而且在实际过程中，还会遇到很多抽象性的内容，交易者必须把这些抽象的内容用客观的数学逻辑表述出来，这对设计者的挑战是不言而喻的。

（8）量化交易的检验和注意事项

①如何检验一个量化交易的有效性样本的数量。

一要检验设计编程的漏洞，程序的执行是否符合交易者的规则标准。

二要检验数据模型的收益能力以及抗风险能力，检测出收益时的最大化、回撤时的幅度和时间。行情数据不完整可能导致模型与行情数据不匹配。行情数据自身风格转换也可能导致模型失败，如交易流动性、价格波动幅度、价格波动频率等，而这一点是量化交易难以克服的。

三要正确地选择校验数据模型的时间跨度，在校验数据模型时间周期的选择上，一定得超过其选择的时间框架上的涨跌一个轮回以上的周期才有意义，这样的话，量化交易大概在什么时候会遇到最大的收益、最大的亏损、最长的亏损期才能完全地展现出来，不能被那些片面性的数据蒙蔽。

②完整的量化交易系统包含以下内容：市场标的的选择；资金管理；入场时机价位；风险止损；盈利退出；策略的生命周期。

③注意事项。

一旦完成量化交易的最终测试，且发现在实际交易中表现不错，就该是扩大交易规模的时候了，在执行量化交易的时候为了防止网络中断、电源中断、洪水等突发事件影响，我们可以选择把量化交易程序安装在远程服务器上，以保证量化交易的纪律性和一致性。

6 量化交易编程

当交易者对交易行为框架步骤有一定的客观认识，能够把交易环节中的各个部分标准化，同时也对量化交易有认知之后，就可以把自己的交易系统通过编程的形式设计出来了。

以下内容是我根据国际上常用的 MT4 交易软件（全称 MetaTrader4，是由迈达克软件公司开发的第四代因特网交易平台）中所提供的 MQL4 语言编辑器把交易系统行为逻辑中的各个步骤编程，用来辅助交易。

友情提示：以下内容已经在中华人民共和国国家版权局登记注册，核心数据已经修改，展示出来仅供更多的交易者参考学习逻辑思维和步骤，切勿盲目复制套用。

```
#property copyright"少林高僧智能交易系统"
#property link" "
#property description"少林高僧智能交易系统"
#property version      "3.0"
#property strict
#include <stderror.mqh>
#include <stdlib.mqh>
#include "Base/LotsRisk.mqh"
#include "Base/CommonFunc.mqh"
#include "Base/DDoubleMaBase.mqh"
extern string    EA 订单注释文字      ="少林高僧智能交易系统";
extern int       EA 订单识别码        =999;
extern 时间周期  EA 应用时间周期      =M15;
```

```
extern int        快速均线周期        =60;
extern int        慢速均线周期        =120;
extern double     固定EA下单手数      =0.1;
extern double     资金风险百分比      =2;
extern int        入场真空区K线数     =60;
extern int        止损计算K线数       =100;
extern int        止损额外附加点数    =20;
extern int        止赢默认点数        =800;
extern int        前期高点计算K线数   =100;
extern int        均线出场最低K线数   =80;
extern int        固定出场K线数量     =100;
```

```
//使用时间限制
int   授权账号=0;
datetime mExpDate=D'2020.12.25';
string mExpString="该EA授权已过期,";
//需要在界面显示的内容:
string mBreakBarsMsg    ="";//真空区K线计数
int init(){
if(TimeCurrent()>mExpDate){

    Alert(StringConcatenate(mExpString,"\n",
            "当前日期:",TimeToStr(TimeCurrent())," "
            "过期日期:",TimeToStr(mExpDate)));
ExpertRemove();
    return INIT_FAILED;
  }
  long account=AccountInfoInteger(ACCOUNT_LOGIN);
if(account!=授权账号 && 授权账号!=0){
    Alert(StringConcatenate("账号未授权,",
```

```
                    "当前账号:",IntegerToString(account),
                    " 授权账号:",IntegerToString(授权账号)));
        ExpertRemove();
            return 0;
        }
        return(0);
    }


    void OnDeinit(const int reason){
    ObjectsDeleteAll();
    }


    int start(){
    OnTimerLoop();
        return 0;
    }
    //向前查找 MA120 均线突破点(要求 0 号到 N),并记录 K 线数量
    int  GetBreakDnBars ( string  symbol,  int  period, bool
&isLastOrderLoss){
            int startBar = GetStartLineCheckBar(symbol,period,EA
订单识别码,前期高点计算 K 线数,isLastOrderLoss,OP_BUY);
        int i = startBar;
        //多单:寻找起始线 =》价格向下突破均线的位置
    while(i > 0){
            double bigMa = iMA(symbol,period,慢速均线周期,0,
MODE_SMA,PRICE_CLOSE,i);
            double high0 = iHigh(symbol,period,i);
            double low0 = iLow(symbol,period,i);
    if(high0 > bigMa&& low0 < bigMa){
                return i;
            }
```

```
            //跳空
    if(i < startBar){
            double high1 = iHigh(symbol,period,i +1);
            double low1 = iLow(symbol,period,i +1);
if(high1 > bigMa&& low0 < bigMa){
            return i;
        }
    }
i --;
    }
    return 0;
}


void OnTimerLoop(){
    int period = EA 应用时间周期;
    string symbol = Symbol();
    int bars = Bars(symbol,period);
    if(bars < 慢速均线周期 || bars < (前期高点计算 K 线数 + 入场真
空区 K 线数) || bars < 止损计算 K 线数 || bars < 入场真空区 K 线数){
        return;
    }

    bool isLastOrderLoss = false;
    int breakBars = GetBreakDnBars (symbol, period, isLas-
tOrderLoss);
    int buyOrders = getOrderCountWithType(EA 订单识别码,OP_
BUY);
    int sellOrders = getOrderCountWithType (EA 订单识别码,
OP_SELL);
    double bigMa = iMA (symbol,period,慢速均线周期,0,MODE_
SMA,PRICE_CLOSE,0);
```

```
        double exitMa = iMA(symbol,period,快速均线周期,0,MODE_
SMA,PRICE_CLOSE,0);
        datetime vlineTime = iTime(symbol,period,breakBars);
        string vlineName = StringFormat("start_point_vline_
buy_%d",vline-Time);
    if(buyOrders == 0 &&breakBars > 0){
    DrawVLine(0,vlineName,0,vlineTime);
        }
        //入场检测

    if(buyOrders == 0){
            if((isLastOrderLoss ||breakBars > 入场真空区 K
线数)&& Bid > big-Ma){
                int buySlIndex = iLowest(symbol,period,
MODE_LOW,止损计算 K 线数);
                double buyTp = Ask + 止赢默认点数 * Point();
                double buySl = iLow(symbol,period,buyS-
lIndex) - 止损额外附加点数 * Point();
                double buyLot = GerOrderLot(Ask,buySl,固
定 EA 下单手数,资金风险百分比);
    openOrder(EA 订单注释文字,OP_BUY,buyLot,Ask,EA 订单识
别码,0,buySl,buyTp);
        }
    }
        string breakBarsMsg = StringFormat(" 起始线 K 线距
离计数:%d",breakBars);
    drawLeftBotLabel("lable_buy_breakBars",5,5,break-
BarsMsg);
    //出场检测
```

```
for(int i=0;i<OrdersTotal();i++){
        if(OrderSelect(i,SELECT_BY_POS)==true
&&OrderMagicNumber()==EA订单识别码&&OrderSymbol()==
Symbol()){
                int openedBars=iBarShift(symbol,peri-
od,OrderOpenTime());
            if(openedBars>=均线出场最低K线数){
                if(OrderType()==OP_BUY && Bid>
bigMa&&(Bid<exitMa
||openedBars>=固定出场K线数量)){
    CloseOrder(OrderTicket(),OrderLots(),OrderClose-
Price());
                }
                if(OrderType()==OP_SELL && Ask<
bigMa&&(Bid>exitMa
||openedBars>=固定出场K线数量)){
    CloseOrder(OrderTicket(),OrderLots(),OrderClose-
Price());


            }
            }
        }
    }
}
```

第六部分
交易心理

与其说市场让你痛苦，不如说是自己的修为不够

第六部分 交易心理

1 交易心理

（1）交易心理概念

交易市场是经济社会发展到一定阶段的产物，也是人类智力发展到一定水平的创造物，它的产生和发展与人类智力对经济社会发展方式及其规律认识的不断深化密不可分。市场交易现象、交易者的生理现象和交易心理现象是市场经济最基本的三种现象。交易心理是交易者大脑对交易市场的主观反应，它包括交易心理过程和交易者的个体心理两个方面。交易心理过程包括交易者对交易市场及其环境的认知过程、情感过程和意志过程；交易者的个性心理则包括交易者的个性倾向性和个性心理特征。

交易者的认知过程是交易者对交易市场的感知、记忆、想象和思维等，它对交易者的情感和意志有着重要的影响。一般而言，交易行为的逻辑起点在于对市场交易的认知，随着认知的深化，交易者对市场交易的情感也会不断深化，而交易情感又深刻影响着交易者采取决定或执行决定的意志。

交易者的需要、兴趣、动机和信念等个性心理倾向性对交易行为影响至关紧密。交易心理是隐性的，它通过交易者的交易行为得以体现，分析交易者的行为可以管窥交易者的心理过程、个性倾向性和个性心理特征。

交易心理分为内部心理结构、内部心理环境和外部心理环境（见图27）。内部心理结构、内部心理环境

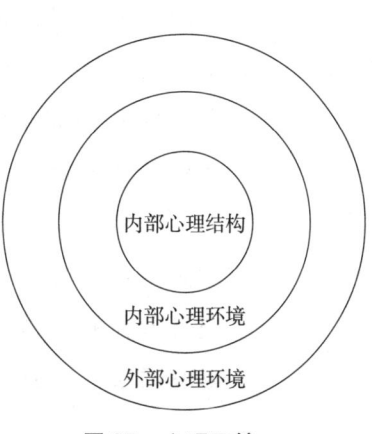

图27 心理环境

和外部心理环境存在着主次关系，就好比地球的结构一样，从内到外依次由内核、地幔、地壳构成，如同地核居于地球的核心一样，内部心理结构居于心理的中心或核心地位，而内部心理环境、外部心理环境构成了心理结构的地幔和地壳。

交易心理过程和交易心理个性特征构成了交易者的内部心理结构，它们使交易者表现出较为稳定的交易行为模式；内部心理环境则是交易者的生理状态、精神状态和知识储备，在交易过程中，作为针对交易的行为过程中知识储备的交易理念，也属于交易的内部心理环境。而外部心理环境则是对交易者个体有着影响的社会事件和物理世界。

交易者的心理活动和行为模式发生变化的关键在于外部刺激的变化。无论是市场交易还是其他社会行为都有一定的心理状态，而心理状态则是内部心理结构、内部心理环境和外部心理环境相互作用、相互影响和相互联系的结果。好比开车的时候，我们要有一个稳定的心理状态，但是这种稳定的心理状态可能被外部的环境变化打破平衡。比如在开车的过程中和车内同行的配偶闲谈发生了言语摩擦，摩擦升级为暴力语言冲突，和谐的驾车环境突变为充满火药味的狭小空间，这种突然发生的变化势必会影响到驾驶者的心情，即心理状态，从而给驾驶带来极大的安全隐患。类似的，交易市场在平稳运行的过程中（标的价格在预定的空间内起伏波动），交易者的心理状态相应是平稳的。一旦社会生活领域突然发生一些影响重大的事件——尤其是资本市场发生一些影响重大的事件，就必然会影响到交易者的心理稳定，甚至打破交易者的心理平衡，为资本交易带来风险。

外部的世界会影响交易者的心理，给交易者带来情绪上的波动，从而影响到交易者的交易行为，破坏交易者的交易模式。虽然主导交易行为的还是交易者稳定的内部心理结构，心理环境只是外在的影响因素，但有时心理环境也会对交易产生至关重要的影响。

（2）交易者基本心理特征

交易心理在整个市场交易中与交易者个体生理基础密切相连，同时它又受到交易市场环境因素、社会大环境因素的共同影响。但在具体的交易中，市场环境，尤其是交易盈亏的状态对交易者心理的影响更为突出。

2002年度诺贝尔经济学奖获得者心理学家丹尼尔·卡尼曼（Daniel Kahneman）开启行为经济学研究之先河，提出了"前景理论"，把心理研究的成果与经济学融合到了一起，特别是对有关不确定状态下人们如何作出判断和决策进行研究，揭示了影响人类选择行为的非理性因素，描述与解释了人在不确定性条件下的判断与决策行为。通过前景理论，可以对交易心理过程及交易心理特征有一个概观性的认识。

前景理论有三个基本原理：其一是交易处于收益状态时，大多数交易者喜欢规避交易风险；其二是交易处于损失状态时，大多数交易者愿意承受交易风险；其三是大多数交易者对交易损失比对交易收益更敏感。运用前景理论，可以直面交易者人性的一些"弱点"，理解交易时的非理性行为，提高交易决策能力。

通过对市场交易的观察和分析前景原理的基本观点可以得到一般性验证。前景理论的第一个观点认为大多数交易者处于收益状态时，往往就会表现得小心翼翼、厌恶风险，喜欢见好就收，害怕失去已有的实实在在的利润，落袋为安的心理越来越强烈，此时交易者有强烈的获利了结出场倾向，绝大多数交易者选择将赚钱的好仓位获利卖出。相关统计研究证实，国内外金融市场普遍存在一种"处置效应"——交易者卖出获利仓位离场的意愿远大于亏损斩仓卖出的意愿。

前景理论的第二个观点揭示，大多数交易者处于亏损状态时，往往会极不甘心（事实是怀疑和否认自己的预判、现实和未来趋势的误判），不愿意面对交易亏损，而愿意承受更大的风险，任由亏

损不断增长,并总是抱持峰回路转、好运即将来临的心态;表现在市场中就是喜欢继续持有赔钱的仓位、放弃适时止损的措施。统计数据进一步证实,交易者持有亏损仓位的时间远长于持有获利仓位。交易市场中所有"爆仓"者的直接原因,就是在面对亏损仓位时不能适时止损。

前景理论的第三个观点认为,大多数交易者对损失和获利的敏感程度存在极大的差异,面对亏损时的痛苦感要远远超过面对相同额度获利时的快乐感。表现在市场上就是,对于等额的资金,亏损时的痛苦指数会远高于盈利的快乐指数。

前景理论可以指导交易者培养正确的交易理念。以孤注一掷、"毕其功于一役"的赌博心态在交易市场中交易是一种可怕的弱智行为。交易者只有在不利的亏损状态时更愿意赌运气,而此时亏损的概率最大。

面对"跌跌不休"、越积越多的亏损,交易者表现出听天由命、放任自流的赌命博运的心态。这种心理与行为模式无疑是前景理论所揭示的基本规律,但这种心态和行为模式恰恰是与资本市场运行规律背道而驰的。所以,当亏损到麻木不仁而想任由市场摆布时,正是你最需要清醒且止损及时退出的时候。

前景理论揭示了市场中亏损交易者的交易流程,即因贪婪而入市,因希望而等待,因亏损而持有,因小利而放弃;周而复始,钱越来越少,行为却难以改变。

(3) 主、客观型交易者的心理行为特征

①主、客观型交易者的概念。

在市场交易领域,主观型交易者一般是指那些长期不受交易系统指导和约束、缺乏一套完整系统和科学的交易方法体系、完全根据感觉和经验和对市场价格状态分析进行交易的人,与之相对应的即是客观型交易者。

②主、客观型交易者的交易心理行为特征。

主观型的交易者在交易过程中往往很容易受到情绪等主观非理性因素的干扰，而主观非理性因素对客观型的交易者的影响相对较弱。客观型交易者通过交易理论知识、交易技能的学习和实战的训练经验有意识建构起一种高概率盈利的交易系统并养成了遵守交易系统纪律的习惯，对交易中按照系统交易带来的风险和预期收益已经了然于胸，对交易中出现的一些极端现象——市场价格状态长期的横盘调整、价格突然迅猛攀升触顶或陡然降落探底等都已经有了充分的备案措施，因此这些干扰因素对客观型交易者的心理活动稳定性的影响是相当小的。

出乎意料的事件总会令人感到惊奇、惊喜或错愕、恐惧，对客观型交易者而言，按照交易系统设定的交易方案已经将不可知的风险变成可知和可控的对象，将未来的收益作为必然会出现的结果，在已经知道未来标的发展会出现的任何情况后，交易者还会为价格升降起伏感到惊喜或恐惧吗？交易系统和技术欠缺、交易心理不成熟的主观型交易者，对风险认识不足、缺乏止损观念，对市场价格趋势状态把握不够，处理交易中出现的突变经验和能力不足，每当市场价格发生出乎意料的变化时，大赢大亏都会导致他们喜悦、激动、紧张、焦虑等非理性心理状态变化的加剧。

随着交易实战经验和教训的不断丰富、长期对交易知识理论的学习、交易市场和交易系统的宏观认识不断深入、交易心理和技术不断走向成熟，主观型交易者往往会越来越重视交易系统的重要性，经过长期的过渡，从而主动成长为客观型交易者。

当你成为客观型交易者之后，你还会因为某一单的亏损而失落、某一单的盈利而高兴吗？

2 交易者个体心理特征

（1）性格

在个性心理特征中，性格是一个人对现实的稳定的态度，以及与这种态度相应的、习惯化了的行为方式中表现出来的人格特征。性格一经形成便比较稳定，但是并非一成不变，而是具有可塑性的。性格不同于气质，更多体现了人格的社会属性，个体之间的人格差异的核心是性格的差异。古希腊医学家希波克拉底认为复杂的人体含有血液、黏液、黄胆、黑胆四种体液，四种体液在人体内的比例不同，形成了人的不同气质：性情急躁、动作迅猛的胆汁质；性情活跃、动作灵敏的多血质；性情沉静、动作迟缓的黏液质；性情脆弱、动作迟钝的抑郁质。可以认为，四种不同的气质对应了四种性格，在市场交易中，一般而言，多血质的交易者往往思维比较敏捷，开朗，对市场充满乐观，善于把握时机；胆汁质的交易者在交易过程中倾向于采取极端的态度和措施，尤其是在市场出现剧烈变动时往往孤注一掷或彻底放弃，胆汁质的交易者往往在市场向好时情绪高昂，在市场走低时表现出极其的沮丧；黏液质的交易者相对沉稳，在交易中往往采取比较稳健的策略，但面对市场发生剧烈变化时，往往跟不上变化的趋势；抑郁质性格气质的人往往患得患失，是不适于从事市场交易的，即使进入了交易市场，最后也会沦为失败者。

性格是个性心理特征中的核心部分，它是一个人稳定的态度系统和相应习惯了的行为风格的心理特征。人与人的个性差别首先表现在性格上。性格是在社会生活实践过程中逐步形成的。由于各人所处的客观环境不一样，先天的素质不同，形成了各种各样类型的性格。

性格是人格的重要组成部分，是在一定社会条件下个体表现出来的习惯化了的行为反应与情感，形成相对稳定的人格心理特征。按照不同的分类标准、方法或原则，人的性格分为很多不同的类型。根据知、情、意三者在性格中所占优势不同，可以把人的性格划分为理智型、情绪型和意志型三种类型。理智型的人，通常以理智来评价、支配和控制自己的行动；情绪型的人，往往不善于思考，其言行举止易受情绪左右；意志型的人，一般表现为行动目标明确，主动积极。理智型的人行事谨慎，比较细心，人生发展可能平稳一点。情绪型的人胆大豪迈，人生容易出现大起大落。

性格相当于人生标签，一定程度上影响人的行为模式，在市场交易中，不同性格的交易者具有不同的交易行为模式。性格是内隐的，行为是外显的，一般而言，内隐的性格在很大程度上决定一个人外显的行为，人的外显行为表现也可以反映出内隐的特点性格。俗话说性格决定命运，绝大多数人都很容易接受这一观点。就我本人来讲，在经历了市场交易的风风雨雨之后，回想往日的交易，发现我个人的交易过程中的行为模式与个人的性格具有高度的一致性。我是属于相对谨慎的性格类型，所以我做事的风格具有比较稳健的特点，每一次交易都是深思熟虑后的决定。当然，这种行为模式在一定程度上也会导致在急速变化的条件下需要果断处理问题时表现了过多的顾虑，导致决策迟疑，但是换一种立场来说，适当的犹豫其实也是一种优点，会让一个人考虑得更加周到全面，不易产生冲动行为。

性格本身没有好坏，重点在于如何让性格得到合理调适，在遇到具体问题时，不让性格控制行为，而是理性地分析采取什么样的行为模式更合适。理智型和意志型的人更适合于从事市场交易，而情绪型的人则应该尽量远离交易市场，因为理智型和意志型的人面对风险的时候，能够拥有明确的目标，用理智控制和支配自己的交易行为，不至于让环境左右自己的行为。

性格在社会生活的方方面面都可能具有两面性，一方面一种性格可能促进一个人的发展，另一方面这种性格也可能对一个人的发展产生极大的阻碍。在市场交易中，一般而言，性格比较谨慎的人经得起等待，不会像赌徒一样孤注一掷赌上所有的资产，同时也就不会输掉所有的财富；但是在市场状态快速波动中，性格谨慎的人可能会采取过于保守的交易措施从而导致错过财富的快速增值。

交易市场汇聚了具有千差万别性格的交易者，截然不同性格的交易者都有成功的案例，相同性格的交易者既有成功的案例也有失败的案例。谨慎的交易者具有稳健的交易风格，而性格急躁的交易者往往顾忌不多，考虑问题简单化，可能会在短时间内有很大的收益，但这种情况并不是普遍的，大多数情况下，交易的结果没有那么令人顺心。我之前也指导过几个朋友，短期之内本金翻出十倍、数十倍的都有。但是脱离了指导独立操作之后，他们后期的发展各不相同。就好比进了赌场之后，性格谨慎的交易者做事小心翼翼，肯定不会大输大赢，但是性格急躁的交易者在交易过程中资本盈亏起伏不定。

市场不是专门为某一种性格的人而创设的，在交易市场，既存在性格谨慎的人适合做的交易，也存在性格急躁胆大的人适合做的交易，这都是根据市场千变万化的运行状态来确定的。不管是不是在做交易，我们人生中会遇到很多事情，都需要分析我们的性格与我们眼前所做的事情。

从整体上来讲，市场交易存在的风险较大，在我看来，也只有谨慎型的人才能走得更远。因为当一个人面对市场的时候，每天面临各式各样的诱惑，性格不够沉稳的，可能会把陷阱当成机会，很容易掉进去。

交易者必须认清自己的性格特征，找到适合自己性格特征的交易系统，才能走向成功的彼岸。

（2）情感

大千世界，林林总总的红尘过客，心理上各有不同的追求，面对万事万物总是有不同的态度，而万事万物都各有其钟情之人，这就涉及情感这一概念。情感是人对客观事物是否满足自己的需要而产生的态度体验，是生活现象与人的心理相互作用下产生的持久和稳定的主观感受。情感是连接事物与人的中介，它涉及主体——人、中介——情感和客体或对象——事物这三个变量，情感由生活现象与人心共同决定，而不能单独由主体或客体（对象）某一方来定。交易情感能激发作为主体的人的交易心理活动和交易行为的动机，也是交易行为的组织力量。所有希冀通过资本市场获得资本增值最大化的主体（交易者）都对交易市场充满了非同一般持久和恒定的渴望，满足需要的交易者无疑会对交易市场有着非同一般的"爱"，而那些交易失败者肯定会对交易产生厌恶甚至痛恨的情感。然而交易市场是无感情的，它不会因为交易者的青睐就会对交易者恩爱有加，交易者可以改变自己对交易市场的态度，爱恨自由，而爱与恨完全取决于交易者的目的或需要是否得到了实现；爱也罢，恨也罢，交易市场永远只是冷冰冰地面对不同的交易者。

  交易情感是交易者对交易市场比较持久的、稳定的态度，它表现在与交易者的个性心理特征、道德经验和交易实践等有关的各种体验之中。交易情感就是交易者对交易市场的态度，情感变量在痛恨与挚爱两极组成的数轴之间滑动，交易者的行为随着交易情感的变化而变化，交易者会采取不同的行为，接受、痴迷与拒绝是几种常见的行为方式。交易情感是交易者适应交易市场的心理工具。很多人机缘巧合接触到交易市场，有的出于本能的恐惧与厌恶直接避而走之，有的浅尝辄止，有的渐渐痴迷、把交易奉为终生的追求，有的则几经搏杀却铩羽而归。痴迷者通过不断学习理论知识和不断实践来调整自己的行为策略，从而强化对交易市场的情感，这种持之以恒的态度提高了从业者的交易理论知识水平、技术和技巧，最终终有所成，所谓精诚所至金石为开，但这绝非交易市场改变了对交易者的态度，而是交易者的知识和经验等见到了效益。

  交易情感指向市场交易，它与交易者的世界观、人生观尤其是

经济观中蕴含的财富观有着密不可分的联系。交易情感具有深刻性的特点，它涉及对交易市场本质认识的程度，它渗透到交易活动甚至是个人社会生活的各个方面。交易的情感是由交易市场和交易行为引起的，越是接近交易市场和交易行为的本质，就越具有深刻性，而由交易市场和交易行为表面现象引起的情感则缺乏深刻性。交易情感具有稳固性，因而正向的交易情感对交易者的行为具有积极的促进作用，使交易者在市场交易、学习和生活中，都具有自觉、积极和始终如一的态度。交易情感在其交易实践活动中发生作用的程度效果不一。情感效果性高的交易者，任何交易情感都会成为鼓舞其进行实际交易行动的动力。不仅愉快的、满意的交易情感会鼓舞其以积极的态度去交易和生活，即使产生不愉快、不满意的交易情感，也能被转化为促进交易和生活的力量。相反，情感效果性低或者没有情感效果性的交易者，虽然也常常产生一些交易情感体验，这种情感体验有时还很强烈，但也仅仅是停留在情感的"体验"上，对于实际交易行动却没有任何积极的作用。

（3）情绪

情绪和情感都是作为主体的人对客观事物所持的态度体验，二者之间具有许多的相似交叉之处，但二者之间也存在着一定的区别。在市场交易领域，情绪是交易者身体对交易行为成功的可能性乃至必然性，在生理反应上的评价和体验，这些反应具体包括喜、怒、忧、思、悲、恐、惊七种类型。行为在交易者身体动作上表现越强就说明交易情绪越强，如预期的收益或超乎预期的收益会令交易者欢喜甚至达到欣喜若狂的程度，从而表现为行为上的手舞足蹈，外界干扰导致交易巨额亏损往往会出奇的愤怒，从而表现出咬牙切齿的行为方式。市场行情长期处于隐晦不明的状态，大多数交易者会因忧心忡忡而茶饭不思，巨额的亏损甚至是血本无归的情况下，交易者的悲愤情绪会油然而生，从而表现出痛心疾首等悲观情绪。

实质上，在交易行为过程中、态度中的情感和情绪的区别在于：交易情感是指以交易行为为目的的生理评价反应，而交易情绪是指对行为过程的生理评价反应。当交易者产生交易情感时是有目标的，这种情感就是对相应经济目标的一种生理上的评价和体验，同时交易者随着经济目标追求这一行为过程的起伏波折，又会产生各种各样的交易情绪。

欢喜和热爱使交易更加顺利，失意、失败和挫败带来的愤怒往往能使交易者在交易中丧胆而让步，对不确定损失的恐惧能使交易者更加保守和谨慎，冷漠的交易情感常使交易者拒绝接受交易甚至退出交易市场。因此在交易市场，交易者一定要控制好自己的情感和情绪，唯有如此，才能促进自我不断进步，从而实现自我的经济目标。

（4）耐心

①耐心的定义。

忍耐是一种智慧，也是一种美德，越是会忍耐的人，生活越幸福——这可以说是文学家对耐心这一品质的一种最好的赞美。在交易市场，耐心是指交易者面对价格趋势变化或交易盈亏变化（或者是没有变化陷入僵局）压力时坚持和执行交易系统或交易策略倾向的意志，意志强弱也就是耐心的大小。一旦失去耐心，交易者的意志将会被削弱，很容易出现操作上的失误。

②耐心的影响因素。

兴趣。兴趣是影响忍耐持续时间长短即耐心的重要因素。一个人对某一事物的兴趣越高，他就对该事物具有越强的忍耐力，也就是拥有越大的耐心。如果一个人对某一事物没有兴趣，那么他也就缺乏对该事物的耐心。一个人对自己的兴趣往往能够持之以恒，说到底还是兴趣提高了耐心。也就是说对一个东西或一件事情有兴趣的话，就愿意花更多的时间和精力，持续且以一种良好的心态和状态来做这个事情。但是一个人做不感兴趣、不喜欢的事情的时候，就会草率、心不在焉、敷衍了事，这是缺乏耐心的重要表现。在市场交易领域，交易者若对交易系统缺乏兴趣，则不会对自己根据交易系统制定的交易策略坚持不懈，也就是没耐心。一旦交易者对交易系统产生和培养起浓厚的兴趣，当然就会在交易中持之以恒坚持自己制定的交易策略，在交易过程中遇到市场出现意想不到的变化时也能够处之泰然、处之坦然。

时间。时间是考验一个人耐心的最好的东西，很少有人和事能经得起时间的考验，这就是所谓的"路遥知马力，日久见人心"。因此在谈到耐心的时候很容易涉及时间周期的问题，也就是时间框架。一些交易者之所以难以将交易系统坚持下去，最主要的一个原因就是它设计的时间周期太长。大多数交易者往往都喜欢投资立竿见影，过长的时间框架对交易者的耐心是一种考验，大多数使用交易系统的交易者经受不住这种考验，往往在关键时刻失去了耐心。

诱惑。面对诱惑，大多数人缺乏定力，诱惑越大，定力越小，也就是耐心越少。交易标的突现利好，很少有交易者能够镇静自若，大多会想落袋为安。

恐惧。连续的亏损带来的恐惧令交易者失去自我坚持下去的意志，非理智焦躁不安的情绪导致交易者失去对交易系统纪律坚持的耐心，在六神无主、惊慌失措之下交易者往往立即采取抛售标的离场的策略来降低风险。其实这里和诱惑导致放弃交易系统的情形差不多，交易者本质上都是为了取得更大的收益。在恐惧状态下，交易者往往首先容易对交易系统和预设的方案产生怀疑，开始担心出现一刀切的亏损或者是连续性的亏损。

经过这十几年对市场交易的参与和观察得来的经验研究发现，几乎所有交易者都具有一个共同的特性，绝大多数交易者尚能忍受快刀断臂似的亏损，但是都难以忍受慢刀子割肉般的跌跌不休。这类似于交易者操作一个期货账户时一晚上一百万元亏损殆尽，这种方式他是可以承受得了的，为什么呢？因为客观现实逼迫他被动接受交易的悲观结果，但他会从主观内心深处宽慰自己：下次做好一点。骤然降临的失败已经成为既定的事实，而且速度非常快，时间也非常短促，给交易者造成痛苦的过程也就相对短暂。

实际上在交易过程中，只要系统性交易持续足够长的时间周期，在符合自身系统状态的情况下，是确保可以持续盈利的。但是市场是千变万化、动态发展的，在价格波动、趋势前行的过程中必定会遇到一些不符合交易系统的市场状态，当交易者进入这些市场状态后，会出现连续性的亏损。在进入连续性亏损的时候，交易者可以通过回撤来计算连续亏损的最大额度的频次，而且要看他回撤的时间段和时间周期的长短，这个时间周期可能取决于交易者的交易系统所设定的一些标准，有的可能是几天，有的可能是几个月或更长的时间。当交易者面对这些连续的回撤，也就是面对一直连续亏损的情况，他势必会产生恐惧并失去耐心，开始对交易系统产生一定的怀疑。当交易者开始怀疑交易系统时，他可能就不会按照最初设计的标准去执行了，也就违反了遵守交易系统交易的纪律。

3 纪律性

（1）纪律性的概念

纪律是规则，是指要求人们遵守已确定了的秩序、执行命令和履行自己职责的一种行为规范，是用来约束人们行为的规章、制度和守则的总称。纪律性是指个体以群体或社会确立的行为规范来约束和控制自己行为的品质和倾向。任何社会制度下，社会成员为了能够实现自己的需求和价值，在群体里生存、成长和发展，都需要有一定的自律性。在市场交易中，交易者为了实现投资交易目的也需要纪律性，如果缺乏对交易规则、交易制度和交易系统的遵守，交易者必然无法实现个人资本增值的目标，最终沦为失败者。这里所说的纪律性主要是交易者在对交易环节的深刻理解后，自觉地对交易系统遵守的心理和行为倾向性。

任何交易系统都要求交易者能够根据它所规定的程序、规则去做每一单交易。交易者使用一些软件来辅助交易，或是自己写一个交易程序，这都没有任何问题。但是在每一单交易的执行过程中，绝不允许交易者在交易系统上做任何改变，加入任何自我变通的元素，交易者不能因市场运行似乎脱离了预期就临时找个理由改变交易系统原来确定的程序、规则。交易系统需要交易者具有自律性才能保证它的有效性，只有保持对交易系统执行的一致性和连贯性才能保障交易盈利的概率性，因为交易系统本身就是通过研究者对大概率盈利规律探索形成的。

（2）纪律性的核心

纪律性的核心是自律，是自我约束，是对制度、规则、要求等社会规范的自觉遵守，自律对个人的稳步成长和健康发展有着无比重要的价值。人们对社会道德等行为规范的自觉遵守，起步于他律和对规范的认识，成熟于自觉，最后升华于对规范要求内化于心、外化于行。

交易市场运行拥有一套独有的制度、规则和要求等交易规范，本人根据大数据分析探索与发现这些规范体系支配下高概率盈利的条件，从而帮助更多交易者制订一套适合于其本身及市场盈利条件的方案。交易者在执行方案时要把交易系统及其他交易市场的规范铭记在心，并且具有坚强的遵守交易系统和市场规范的意志。缺乏自律的交易、缺乏对系统交易及市场规范的坚持，交易者势必要走上失败的交易结局。

（3）纪律与自由的关系

只要拥有资本，交易者就可以在遵守市场基本规范的前提下自主进行投资，在交易过程中交易者可以对风险防控、单量、交易时间的选择，止损点位的设置，买入或卖出等自由做出决定和进行自由操作。但是自由做出决定不等于随意做出决定，自由操作不等于盲目操作，自由自在地投资或者交易，并不代表在交易市场进行自由自在的无任何约束的交易，自由向来是以纪律为前提的。

人生而自由，却无往不生活在枷锁中。自由从来都是有限制的，无限制的"自由"不是自由，而是任性与放纵。在我们的工作和生活中，根本就不存在绝对的自由，任何自由都必须以遵守规则和纪律为前提。在个人生活中，自由不是毫无限制的，每个人会受到道德、规则等的约束，并且不能危害他人自由、违反公序良俗。在交易市场，交易系统就是最为重要的纪律，市场交易者要想获得成功，必须将交易系统中的规则作为必须遵守的纪律，不能放任交易行为追求脱离交易系统的自由，否则将导致交易系统脱离对交易的指导，交易也就滑入混乱状态，最终导致投资交易以失败告终。

我们在学习过程中要弄清遵守纪律性的潜在的逻辑原因，这里

可以借助学习和止损加以进一步解释。我们小时候，家长和老师总是耳提面命告诫我们要好好学习，到最后我们还是听不进去他们的忠告，这是为什么呢？因为他们只是以纪律的形式告诫我们如果不好好学习，可能受到某种处罚，用纪律性来约束我们，但这对我们来说几乎无用。学习一定要由纪律性的约束或靠其他人的推动转变为自主性的学习，比如市场交易需要一些专业知识，那么我们就会主动去学习。这里借用止损来解释其实更确切，所有市面流行的交易理论都在教诲交易者一定要止损，但他们不告诉交易者为什么要止损，止损的好处是什么，止损对交易者有什么帮助，他们只是告诉交易者"就像巴菲特所说的，做投资第一个重要点就是保障你的本金，第二句话是记住第一句话，第三句话是记住第一句话和第二句话"。这对于普通投资者来说就是一句无用的话。

在交易的过程中，如果不理解遵守交易系统的底层逻辑，即便是把答案告诉交易者，交易者也难以理解：为什么要止损？止损设置的底层逻辑是什么？止损的好处是什么？止损对你有什么帮助？交易者必须深刻理解这些知识点，以形成对止损的深层次认知。所有的行为都是由内而外推动的，就像我刚开始学习止损的时候，即使制定了惩罚措施，但最后还是执行不了。但现在不设置止损我都睡不着觉，因为我对止损有了深层次的理解，知道设置止损是必要的。这里插一句题外话，设置止损就一定是对的吗？不一定。当你深刻地理解了这些资金管理方式之后，还可以做到另一种程度，就是可以轻仓，把单子做到最小，而这个时候你可能就不需要止损。所以说你要理解交易系统止损设置的底层逻辑，止损的底层逻辑的目的是控制风险，但是控制风险的途径不单单只有止损这一个设置，还有资金管理，资金管理所涉及的是单量，你可以通过降低单量来实现目的。

（4）保持与提升纪律性的方法

大多数交易者在具体操作过程中遵守交易系统纪律的意识不强，

这主要是因为他们对交易系统的客观性认识不足，缺乏对市场宏观的认识和把握。在关键时期，尤其是在价格趋势转变期缺乏耐心，价格剧烈波动导致回撤的幅度时而扩大、时而收缩，盈利与亏损交替出现，贪婪与胆怯带来的压力随着价格波动而陡然增加和突然减少，受市场波动等一系列的影响，交易者遵守纪律的意志不断被削弱，从而最终放弃了对交易系统的遵守。

交易者要不断提高坚持交易系统纪律的自律性，提高自律性需要不断加强对交易市场知识的学习，提高对交易系统的认识，培养交易抗压和减压能力。

坚持交易系统的自律性养成是一个循序渐进的过程，交易者可以通过以下方式不断强化自律性：使用闲置资金进行交易加强实战训练；将投机暴富理念转换为投资理念；降低交易期望值、不要给自己定太高目标；交易中降低仓位；面对亏损不计较一城一地的损失。上述各种方式一方面可以培养交易者的投资习惯、适应能力和实战能力，另一方面还可以通过实战检验交易系统的效度，从而增强交易者对交易系统大概率盈利的信心，最终促进交易者坚持交易系统自律性的提高。

（5）一致性与纪律性的关系

一致性和纪律性是相互结合并服务于交易系统的，是保障交易系统的概率有效性的，所以说交易行为必须要有一致性（一致性的单量规则、一致性的入场规则、一致性的止损规则和一致性的退出规则），只有坚持一致性，交易者才能得到符合交易系统预期的结果。

交易要有一致性的单量规则、一致性的入场规则、一致性的止损规则、一致性的退出规则，为什么？因为当我们设计出来一个交易系统时，我们通过交易系统的概率性、风险回报比和回撤是可以知道一个交易系统的大概表现的，知道它的预期收益和亏损幅度。当我们把交易系统设计出来之后，我们需要像科学家创造出来某件东西时一样，要先进行检验。

针对一个交易系统来说，我们需要在它回撤的过程中检验它的回撤幅度是多少，它的预期收益和亏损是多少，有了标准之后，我们可能会得到一些理想的结果。假如说一个交易系统在过去的一年里的预期收益是50%，预期亏损是10%，那么我们可能觉得这个交易系统是好的，这时我们就可以运用这个交易系统让我们得到的结果符合我们的预期结果，那这两者之间怎样才能相等呢？

在实际执行的过程中，我们必须保证得到预期结果的条件和交易行为过程中执行的条件是完全一致的。我们的标准可以一样，但是如何来保障交易的最终结果符合交易系统的预期结果呢？必须要有严格的纪律性和统一性，不去违反交易及交易系统的规则，保持一致才能使得最终的交易结果符合交易系统的预期结果。

在执行交易系统的过程中，要运用它所设定的正向预期模型实现成功的交易，必须具备处变不惊的心态。成功的交易者不会在意单笔交易的结果，而是会始终坚持正向预期模型和完善的风险管理方法。对交易系统缺乏信心是导致交易者失去耐心并最终打破交易纪律的常见原因之一。

4 执行力

(1) 执行力的定义

交易市场的执行力,主要指的是在交易过程中交易者对交易系统贯彻执行和完成预定目标的操作能力。交易者通过对交易系统的执行,把交易战略、规划和策略转化成为效益,从而实现资本的收益。在执行交易系统过程中需要不同的能力支撑,执行力包含交易者在交易过程中按照交易系统完成交易的意愿、完成任务的能力和完成任务的程度。

执行力有强弱之分。执行力因人而异,有的人执行力强大,有的人执行力很弱。在交易市场,不同的交易者在执行同样条件的交易时大多会得到不同的结果——同行不同利是对商战之场上执行力不同、结果不同的一种概括性反映。执行力不但因人而异,而且还会因时而变、因势而变。交易者如果要想解决自身执行力不强的问题,就必须先剖析影响执行交易的根源,然后再找到解决的方法。

(2) 执行力影响因素

意愿。意愿的强弱往往与执行力的强弱成正比,意愿越强烈,执行力就越强,意愿越弱,则执行力也就越弱。当价格走到交易系统设定的买入位时,交易者有强烈的买入愿望,这时交易者就会对下单产生强大的执行力。交易者如果缺乏交易的意愿,就缺乏执行力。譬如,当交易者发现市场状态与预想的不太一致时,或者与交易系统设定的预期不一致时,交易者继续坚持交易系统的意愿就会大大降低,从而影响他对交易系统的执行力。交易系统设置的价值目标、交易利益或预见的资金风险，对交易者的意愿都有一定的影响，从而影响交易者对交易系统的执行力。

环境。市场环境影响交易行动，市场一直处于变动不居的状态，有较强执行力的交易者总是能够坚持交易系统设置方案采取相应的行动，然而，执行力较弱的交易者在市场剧烈震荡时往往产生贪婪的心理或恐惧的心理——盈利时得寸进尺，亏损时退避三舍——在执行交易系统上乏力，导致陷入一种对交易系统自我怀疑的窘境。

能力。拥有丰富的知识、经验、方法、技能的交易者往往具有很强的执行力，因而，要想提高执行力，就必须不断充电，不断实践，学习市场交易的理论与方法，在实践中提升自己的知识水平、技术水平。

交易者的执行力和耐心。对交易者而言，执行力是个难点，难就难在交易者面对诱惑和恐惧时无法坚持正确的心态、采取正确的应对措施。诱惑和恐惧延伸出来的问题是什么，可以从交易的目的来分析：交易的最终目的是想要提高收益，这是在整个交易过程中始终要坚持的目的。然而在实际交易中，这个既定的提高收益的目标很容易随着价格波动被交易者改变。有的交易者在执行交易系统的过程中加入自己的经验去判断信号的真假和趋势的真伪。当他按照自己的判断认定这个机会可能是错的，那就不参与，避免失败的发生。如果他通过自己的技术、能力和经验规避掉了风险点、止损点，他的最终收益也提高了，他就会自认交易系统是可以修改的。所以说面对盈利的诱惑，交易者容易更改交易系统，有选择性地做交易。

系统性的交易的目的是要达到系统性行为结果和预期结果相符合。但是实际过程中，更改既定方案，可能会令实际结果与交易者的预期结果不符，因为预期结果是由纪律性和一致性来保障的，也就是系统概率的有效性。结果，在实际的过程中，交易者想要通过投机取巧把收益率提高，如果运气好的话，他是可以提高一点收益，但要是运气不好的话，他不仅没有达到提高收益的目的，而且还有可能降低最终收益。所以在任何情况下，要抵御交易系统设定之外的收益的诱惑，以免丧失获取更高收益的机会或遭受更大的亏损。

5 自我控制

(1) 自我控制的定义

自我控制是指个体自主调节行为，并使其与个人价值和社会期望相匹配的行为，它可以引发或制止特定的行为，如抑制冲动行为、抵制诱惑、延迟满足、制定和完成行为计划、采取适应社会情境的行为方式。

自我控制的最终目的是要控制自己的行为不受情绪的影响，但任何人都不能把情绪完全剥离掉，所以说要想拥有强大的自我控制能力就必须要经过情绪这一关，因为人的行为结果都是由情绪主导而发生的。

(2) 自我控制的内容

情绪是自我控制最主要的内容。情绪是可控的，这里可以通过简单的例子加以证明，我们有的时候会哭、会笑，那是因为在我们身上所发生的事情，影响到了我们的情绪，又由情绪引发了我们的行为表现，但是并不是遇到感染力极强的事件时每个人都当哭则哭、当喜则喜，这是因为自我控制阻止了我们情绪的过分流露。我们都需要合理地控制情绪，在生活中我们会发现，有的人泪点低，有的人笑点低。同样一个话题，有的人听了就会哈哈大笑，但有的人听了就毫无感觉，那么为什么同一件事在不同的人身上有不同的表现呢？某个笑话当你第一次听到的时候，你可能会哈哈大笑，但当你再次听到的时候，你就不会像第一次那样开心，所以同样的事情对一个人情绪的影响，存在一个逐次降低的过程。

情绪是可以控制的，最具有代表性的就是演员，有的人演技特别好，他们对情绪有很高超的控制能力，需要演绎情绪低落的时候，他能够瞬间潸然泪下，需要演绎兴奋的时候，他能够瞬间哈哈大笑。在一个人非常平静的状态或者是非常兴奋的状态，突然间需要让你流泪，情绪就要突然间变得沮丧，这个非常不好控制，但有的人就能够做到。所以说情绪是可以进行有效控制的。

（3）自我控制的方法和手段

在交易过程中，交易者盈利了就会非常兴奋，亏损了就会特别沮丧，这是自我控制力不强的表现。还有另一种情况，当某个事情不断重复时，它的影响会逐渐地减弱，也容易导致个体麻木不仁（审美疲劳与之十分类似），这是控制力下降的表现。要想在交易市场控制好个人情绪，首先要有一个好的交易系统，对交易系统有充分认识，也就是说当交易者对概率、风险回报比、回撤的时间跨度和深度有一个深刻的认识之后，就能很好地驾驭这个交易系统，交易者在运用这个系统的时候，就不会因为其中某一单盈亏而情绪反应过大，所以说情绪需要整个系统来保持，而整个系统又是以纪律性和统一性为支撑，以及执行力和耐心来保持，当交易者把整个交易系统完全深入理解之后，其情绪基本上处于非常稳定的状态。

控制情绪有多种方式方法：其一是可以适量饮用心灵鸡汤，搜寻一些哲理性的名言，时刻自省自勉，以控制自己的愤怒，保持好的心态和心情；其二是学会宣泄，找到宣泄的方式，将不良情绪释放出去，比如找个地方跑一圈，出出汗，到旷野中大吼几声，都可以将不良情绪释放出去；其三是改变自己的态度，面对得失要把握心理平衡，轻松化解焦虑和恐惧；其四是调控注意力，转移注意力可以有效达到改变情绪的目的；其五是提升理性，通过理智消除不良情绪。理智分析原因，弄清楚产生不良情绪的原因，然后从根本上解决问题，消除不良情绪。

在交易过程中控制情绪的最佳手段就是强化对交易系统的认知，通过理智回溯交易逻辑过程中所有的知识点和程序，如风险管理、资金管理、单量、止损、概率、回撤、风险回报比等，帮助消解市场状态突变或下行带来的压力，解除不良情绪产生的压力源。实际上，优化了的交易系统的各个构成要素都可以化为自我控制情绪的手段。例如，假如一天亏损一万元肯定会对交易者的心理产生非常大的影响，如果可以把损失从一万元降到一千元，那么交易者的不良情绪就会得到有效控制。假如只有十万元的资产，一天损失一万元，那交易者面临的心理压力是巨大的，但如果一天只损失一千元，相对地交易者的心理波动是不会太大的。有更多的手段可以降低风险，首要的一点就是通过资金管理和风险控制这两个手段，把可能会面临的风险进行降低，也可以通过降低系统运行过程中的回撤，来舒缓心理波动的频率、收窄心理波动的幅度，从而提高自我控制能力。

（4）自我控制与交易系统的关系

不同的交易系统会有不同的回撤表现，如果交易者对于风险和回撤的要求比较低，那么就可以选择波动性比较小的交易系统，从而降低交易者的情绪波动。非理性是导致交易破产的重要因素，一旦进入非理性状态，交易者将万劫不复。因而，交易者只要对交易系统有全方位的理性认识，把握交易系统的构成要素，对可能面临的风险有清晰的研判，就可以进行有效合理的自我控制。对初出茅庐的交易者而言，或者对那些刚开始接触交易系统的交易者而言，这样的要求可能会有些高，这样去操作可能会有些困难，但把一个简单的事情反反复复操作之后，交易者情绪的自我控制力必然会不断提高。

第七部分
普遍性问题

每个交易者都应该有属于自己的交易系统

1 交易时间间隔

（1）什么是交易时间间隔

交易时间间隔是指交易过程中每两单交易之间时间的长短。对时间间隔可以从两个角度进行理解，第一个是站在市场环境的角度，第二个是站在交易心理影响的角度。

（2）市场环境角度

关于交易时间，我们从市场环境这个角度来讲，首先它是确定的，在特定的时间段内市场状态是确定的，时间与市场状态是相对应的，也就是说在特定时间段内市场呈现出一种特定的状态：在某段时间市场的波动非常大，那就是那段时间交易市场特有的状态，而在另一段时间，交易市场呈现出完全不同的一种状态。市场环境是随着时间的变化而变化的，今天是这样的市场状态，明天可能就是另外一种市场状态。特定的时间有特定的市场状态，这就要求交易者能够根据不同时间下市场表现的不同状态进行交易。

市场状态如果不适合交易者构建的交易系统介入，交易者可以静观其变，等到适合于自己交易系统的市场状态出现再行动。交易者千万要避免在不利的情形下死磕行情，这种死磕最后死掉的是交易者而不会是市场。这正如在麻将游戏中，眼睁睁看着要吃的牌被碰走，眼睁睁看着要和的牌被劫胡，这就是特定时间下特定的牌局，既然这是不可变通的客观性结果，牌手赌气是改变不了结局的，那就不要赌气，牌手唯一应该做的就是稳定下来，等到另一次有利于自己的时机。因此，在市场交易中，一定要相机而动，不要与市场状态较劲，选择市场状态适合的时候再去交易。

(3) 心理影响角度

站在心理的角度来讲，交易系统设置较长周期的时间框架就是通过漫长的时间来减轻甚至是消解市场状态带给交易者的心理压力，避免交易者陷入一种非理性交易状态。时间是治愈一切痛苦的良药，时间越长，交易者减轻压力的机会就越多，不利的交易带来的影响也就会逐渐变小。还是拿打牌的例子来说吧，如果今天手气不行，那就先放下，隔天再去玩。其实做交易也是如此，当市场状态与交易者本身交易系统不符合的时候，进场就会亏钱，连续进场就连续亏钱，这样会使交易者的心理产生极大的情绪波动，当产生了大的情绪波动之后，交易者就很可能进入一种非理性交易状态。

当市场在"收拾"你的时候，你可以利用交易时间间隔这道防火墙来阻止自己进入非理性的状态。当你在交易的过程中，当你和市场发生冲突的时候，你非常容易进入非理性状态，在非理性状态下发生无法挽回的事情，现实生活中比比皆是，所以说要有一个交易时间间隔。

在我们的生活中理性和非理性之间需要一道防火墙来缓解紧张的局势，在交易的过程中也需要这样的一道防火墙，通过调长时间间隔，就可以将理性交易与非理性交易区隔开来。假如交易者一直处于一种不利的局面，他应该离场一段时间，通过延长时间间隔，把交易情绪从非理性状态拉出来，当心情平复，报复性心理渐渐平息，再次面对市场他才能做得好。但如果说上午做的几个单子都亏损了，下午仍处于一个报复性心理，在这样的状态下，交易是极其危险的。非理性下的交易必然以惨败告终。

 **2　模拟与实盘**

（1）什么是模拟

模拟是对真实事物或者过程的虚拟。模拟要表现出选定的物理系统或抽象系统的关键特性。模拟的关键问题包括有效信息的获取、关键特性和表现的选定、近似简化和假设的应用，以及模拟的重现度和有效性。可以认为仿真是一种重现系统外在表现的特殊模拟。模拟盘是不用真钱的，当然，盈亏也不会产生真正的损失和收益。模拟盘只是为了新手体验市场或者比赛用。

（2）什么是实盘交易

实盘交易是指个人客户在银行通过柜面服务人员或其他电子金融服务方式进行的不可透支的交易。实盘是指用真金白银去做交易，也就是真实的交易行为，需要去券商开户、存钱、进行标的买卖。

（3）什么是实盘

实盘是指发盘人对接受人所提出的一项内容完整、明确、肯定的交易条件，一旦送达受盘人之后，则对发盘人产生约束力，发盘人在实盘规定的有效期内不得将其撤销或加以变更。表明发盘人有肯定订立合同的意图，如果受盘人在有效期内无条件接受，就可以达成交易，成为对买卖双方都有约束力的合同。实盘必须规定有效期限。

（4）模拟与实盘的区别

关于模拟与实盘的区别，本书总结了以下四点：

第一是心态不同。模拟是没有心理负担的,但实盘是有心理负担的。模拟盘对于实战的价值,无非是让你先了解一下怎么做交易。实际交易比模拟盘快很多,但是做模拟盘要像真实的交易操作一样严肃认真,要不断探索自己的交易思路,认识入场和出场点位设置的逻辑和原因。一般模拟盘操作需要3个月以上,用真正的实盘资金仓位做,不要一做就满仓。做模拟是把自己的思路完全地体现并检验,然后再到实盘里去锻炼,心态很重要。

第二是市场固有的交易机制不同。在模拟盘操作中,是肯定可以买入卖出的,无论有多大的单子,都可以成交,而在实盘操作中,挂单的时候却总是背道而驰,要过一段时间成交甚至无法成交。在模拟盘操作中,挂出几十万、几百万的单子,只要按市价买卖都能吃掉,但在实盘如果挂出几十万、几百万的单子,就会在买卖档显示挂单数,而且单子也不能以市价瞬间买入卖出,因为实盘中买必须有人卖,卖必须有人买,所以吃掉这个大单是非常缓慢的,大单吃掉一档,下一档就会接上,直到所有的单子吃掉为止,除非在中途撤单了。在模拟盘,如果挂单交易,是不会在买卖档显示的,因为资金是虚拟的,并没有参与到市场中去博弈,因此资金不会对市场产生任何的影响。相反,如果在实盘挂单,真实资金参与了市场的博弈,可能因为对手盘或者多空局面的转换,原先的走势很可能因为资金而发生逆转,这就是为什么看好的标的总是不如意。

第三是对主、客观交易者的意义不同。对于主观交易者来说,模拟是没有任何意义的,因为交易方法和市场都是动态的,具有时效性和机会性,主观行为只有当交易方法恰好符合动态市场时才会有利润,这个结果是具有非常大的偶然性的,是不可复制的。对于客观交易者来说,交易策略是特定的,标准是固化的,市场虽然在动态的发展过程中,但只要客观交易者的手段和技术方法到位,必定能够抓住机会。客观交易者具有理性的特质,能够更自觉地遵守客观标准,就可以盈利。它的结果具有规律性,结果的规律性说明这个模拟是必要的，因为客观的标准是需要做大量的模拟来检验所涉及的交易系统适合市场哪些标的，并从模拟中发现问题、解决问题，由此得到一些客观性的结论。例如飞行员试飞，飞机机翼上面结冰，这个事情是模拟不到的，它只能模拟个大概，进行一般情况下的应对，但一些特殊情况无法进行模拟，存在真实性差异的缺点，因此任何模拟机训练都不能代替真机训练。

第四是模拟和实盘的本质不同。模拟盘不涉及真实资金，只是全真模拟交易，而实盘需要货真价实的钱去进行交易。建议你先尝试模拟交易，然后再做实盘交易。

3 交易者与投资客户的关系

很多交易者在交易市场为别人的资产进行操作而与资方建立起一种合作关系，在这种合作关系中，客户作为资方拥有雄厚的资金，而交易者具有丰富的专业知识、长期实战积累的有价值的经验、良好的盘面把握能力和独立的判断力，他们能长期坚持交易系统进行理性交易，从而减少风险的发生。系统交易最基本的要求是资金的控制和操作需要完整的周期性，这些交易者只有对资金有完整的周期性控制和操作才能体现交易系统的效果。但是由于合作协议签订缺乏严谨性，在实际操作中，这种合作关系具有很强的不稳定性，尤其是资金支配期限面临时刻终止的可能，资金控制和操作的完整性受到破坏，作为资方的客户本应该将交易放权给交易者自行处理，但是面对资金风险的恐惧和对利润的贪婪导致客户在交易中不断监控、干涉交易者的交易行为。在趋势向好的交易周期，这种不稳定性被暂时的盈利所掩盖，交易者的权威能够得到尊重；但是，当出现大的盈利或回撤时，这种不稳定性会充分彰显，客户干涉更为激进，在根据交易系统部署亏损趋势转变最需要稳定的时机，投资者往往釜底抽薪，给交易者带来巨大的损失。

不要把交易合作关系上升为朋友关系，也不要把朋友关系异化为交易合作关系。交易合作关系需要订立严谨、周密的合作方案和合同，君子协定会给合作双方之间的关系带来严重的伤害，涉及金钱来往不仅仅是将好话和丑话事先说好的问题，而是要在第三方见证的条件下将它们都落实到纸面上，这样才不至于在盈利尤其是亏损时扯皮，即使出现了扯皮也可以更方便地通过合法的手段维护各自的利益。

资本具有逐利避害性，交易者的成功会给资方带来丰厚的利益，更多的资本就会蜂拥而至。资方投资的目的就是获取利益，获取的利益越多，更多的资本就被吸引和集聚；但是一旦交易者出现亏损，资本就体现出避害性的本质，资金的流散是必然的。交易者需要足够长的时间周期才能调整和消化损失，在一定幅度下价格下跌，大笔资本投入带来的损失需要同样规模的资本在更高一些幅度的价格上升的条件下才能找回。然而资方的撤资严重打乱了交易系统周期的完整性，面对资本的缩水与匮乏，即使价格翻上几番，交易者也回天乏术。

做交易需要静心，资方的干扰无疑会给交易操作带来诸多不利影响。大多数客户的正常心理是允许赚不允许赔，一旦面临亏损，干扰会更加明显、突出和严重。为了能够与资方更好合作，交易者在合作之前需要对客户有一个简单的培训或者是调查，就像我们要开证券账户的时候对客户风险进行评估一样，而且一定要让客户自己知道交易的规则、合作的基础和相互之间的责任与义务，以及利益与亏损分担的方式。契约是规范合作有力的保障，诚信是合作的基础，没有契约和诚信的合作最后必然是纷争。

后　　记

十几年前，当我初次从事交易时就看到这样一句箴言：顺势而为，截断亏损，让利润奔跑。

今天，当别人问我从事交易成功有什么秘诀时，我也是这句话：顺势而为，截断亏损，让利润奔跑！

我花费了十几年时间，才充分理解这句话的真谛，才真正认识到这句话所蕴含的交易公式，才真切地看到支撑这句话的底层逻辑结构！基于此，我才有了写一本关于交易深层逻辑结构的书，以帮助更多的人在从事市场交易时少走一些弯路。

"顺势而为"这四个字除了"而"是连接动词之外哪一个字最为关键？每个人的价值观不同，对待同样的事物判断各有差别，因而在认定"顺势而为"哪个字最为关键上也个个相异、时时有别！

就我个人经验而言，大多数五年以下的交易者会选择"势"。我涉足于市场交易后的五年，花费了所有的时间和精力苦苦探索，才知道什么是"势"。"势"是市场状态，辨别市场状态的过程也就是辨别趋势的过程，有了对趋势的认识之后，交易中才有"顺"。

大多数做了五到八年的交易者会选择"顺"，顺是跟着趋势，有了辨别市场状态的能力之后，如何跟着趋势？什么样的趋势可以顺？什么样的趋势不可以顺？熬过这个阶段后你认为你已经成功了，但是你会发现，后面的"为"却是你无法逾越的障碍。

"为"有两层含义，即"有所为，有所不为"。在你做了七八年

后 记

交易之后，你知道了什么是顺势，什么是逆势，也知道怎么做才能够赚钱！可是你却发现你"为"不了！"为"是建立并执行交易系统，你可以一次两次甚至十几次上百次地执行你的交易系统，但是当交易周期或趋势不断延宕后，你终究难以持之以恒而为！我常对缺乏经验和投资失利的人说：世界上最简单的事情，其实是最难的事情。他们问我何以言之，我说，吃饭对每个人来说都是再简单不过的事情了。假如说让你明天早晨八点吃早饭，你可以做到吗？答案是肯定的，是每个人都能做到的。那么连续两天早晨八点吃饭呢？连续十天呢？连续一个月呢？连续十年呢？如果把任何一个看似极为简单的事情，加大时间周期和重复性，恐怕能做到的人没有几个吧！

不会"截断亏损"是大多数交易者失败的原因，首先是对风险认识不足，认识不足就不会量化风险，不会量化风险就不会锁定和截断风险。其次是不知道让利润奔跑的条件是什么。即便是交易者知道了如何量化风险、如何让利润奔跑，接下来的执行也不是一件容易的事情。

交易是一个严谨的系统工程，它涵盖了标的的选择、风险管理、资金管理、交易的方法、对市场的认识、对交易系统的认识、对自己的认识、对理性与非理性的认识等各个方面。这些系统工程的各构成要素之间都是环环相扣的，任何一个环节存在短板或链条薄弱，都会成为导致交易失败的缺陷！要想成功，不仅仅是保证对交易系统持之以恒的坚持，而且还必须保证系统的每一个环节得到有效执行。

交易不难，难的是如何确保交易取得成功，成功即通过交易实现获利。不管通过什么样的方式进行交易，最终的目标就是实现资本的增值。不同的交易方式都可能实现获利，但并非各种实现获利的方式都是合乎理性逻辑的，不合乎理性逻辑的交易方式虽然也能实现短期或偶然获利，但终究改变不了最终流于失败的命运，只有合乎理性逻辑的交易才能确保长期的、大概率的和最终的成功。基于市场交易实战经验总结和不同市场交易理论的认识基础，本书主要是把理性逻辑交易系统所有的构成要素——罗列出来，并对每一个构成要素进行条分缕析，让更多的投资者深刻理解交易系统微观要素的特点，将各个要素再建构在一起，从而达成对交易系统宏观的认识、把握和运用。

交易市场如战场，纸上谈兵从来都是相对容易的，而难点都在于实战。对于交易者而言，市场交易的难点在于因应市场及其环境对交易理论的运用，把学到的交易理论、交易知识和交易方法运用在实际交易过程中，而对于大多数交易者而言，是面对繁芜复杂、瞬息万变的交易市场，缺乏理性、逻辑和科学标准化的交易方法体系，《交易系统分析》正是力图为广大交易者提供一套方法论体系，以帮助和促进交易者构建适合自己的交易系统。

是为记。

董超男于仁易斋
2024 年 1 月 8 日

致　　谢

　　交易之路并不平坦，首先我要感谢我的父母。家庭是人生的第一所学校，父母是人生的第一任老师。父母的认知体系、价值观念和营设的家庭氛围、所处的社会环境塑造了我们最初的价值观体系，我们的价值观体系又决定了我们的命运。父母辛勤的付出给我提供了良好的物质生活条件，营造了优渥的成长环境，还为我树立了勤劳、积极、向上、向善的榜样，他们不仅为我踏入市场交易提供了资金支持，而且在我最艰难的时候给我无私的帮助。感谢我的姐姐董胜男和我大学挚友束策略，他们在我成长和成熟过程中给予了我很多的帮助。同时也感谢郑恒、刘玉昌、谢晓亮、李璐鹏、李笑冬、王军伟、刘诺等人一路走来给予我的帮助。

　　从最初产生著书立说的冲动，到冲动成为萦绕心头挥之不去的想法，再到文本的成形，已是经历了两年多的光景。不曾想将想法、观点和理念落笔成书是一项如此艰难的工作，从最初的框架订立到各章节内容的布局，再到每句话的措辞，无不需要精雕细琢，这对于初试笔锋的我而言真是一项巨大的工程。如果离开了陈飞岩和解志伟两位我大学恩师的鼓励、支持和帮助，真难想象会不会有这么一个成形的东西出现在读者面前，因而在此十分感谢两位恩师，感谢他们不仅仅在写作过程中给予了我无限的帮助，而且感谢自结为师生之后十几年来他们就一直关心着我的成长与发展。

也感谢廉紫薇、董尹文、韩枳枋、韩静云、张小燕、张侦锐、赵徐、徐星诸友，他们为此书的面世也给予了我很多的帮助。最后感谢出版社的各位编辑，在他们的热心帮助下本书才得以付梓面世。